PSYCHOLOGIE
DU CONSOMMATEUR

Clés _{DES} Champs

Des outils pour comprendre.
Des idées pour agir.

Nicolas Guéguen

PSYCHOLOGIE
DU CONSOMMATEUR

Pour mieux comprendre
comment on vous influence

Clés DES Champs

Avant-propos

Vous vous êtes peut-être demandé si le fait d'afficher le prix d'un produit à 9,99 € permettait réellement de vendre plus que le même produit présenté avec un prix à 10,00 € ; si la musique champêtre, avec ses sifflements d'oiseaux et ses stridulations d'insectes, diffusée dans ce magasin de produits « naturels » pouvait vous inciter à musarder plus longuement que prévu ; si le fait que l'on vous a touché en vous proposant de goûter un nouveau fromage alors que vous faisiez vos courses dans un grand magasin a affecté l'achat de ce produit.

Lorsqu'on parle d'influence du comportement du consommateur, on pense immédiatement au pouvoir d'influence des médias et notamment de la publicité. Paradoxalement, on pourrait penser que, en dehors de cette influence du « message », typique du mode d'action de la publicité, le comportement du consommateur est totalement sous son contrôle. Dans les faits, cela n'est pas totalement le cas en raison, notamment, des grandes capacités de traitement de l'information dont est capable l'être humain et du fait qu'il recherche les émotions et le contact social indispensables à son bien-être psychologique.

Or, de nombreuses expériences menées en situation réelle qui seront présentées dans cet ouvrage montrent que l'on peut affecter le comportement du consommateur par des informations anodines (de simples mots sur une affiche, une étiquette), par le biais d'éléments appelés « atmosphériques » (couleurs, luminosité, odeurs, fonds musicaux) ou par la nature des relations sociales entretenues entre le vendeur et le client (l'attrait des vendeurs, un contact tactile d'un démonstrateur de produits).

La force de ces facteurs d'influence réside dans leur capacité à susciter des émotions positives chez les consommateurs, à induire des évaluations positives des lieux de vente ou du personnel qui y travaille et même à biaiser la perception des informations qui y sont présentées. Or, souvent, ces éléments conduiront à l'acte d'achat ou à augmenter le panier du consommateur. On verra également que sa fidélité au lieu de vente et la valorisation de celui-ci auprès d'autrui seront affectées par ces mêmes facteurs.

En parcourant cet ouvrage, vous comprendrez que l'achat peut être influencé, voire induit par des facteurs cognitifs et affectifs subtils qui sont, pour la plupart, extrêmement faciles à mettre en œuvre et dont les effets ont donné lieu à des mesures rigoureuses de leur efficacité et cela, la plupart du temps, dans des situations réelles. Ils permettront également de saisir qu'il existe une véritable psychologie du comportement du consommateur pour laquelle de nombreux travaux, peu connus, ont été réalisés dans des situations ordinaires que nous connaissons tous. Il s'agira aussi de mettre en évidence que la recherche en psychologie est entrée depuis longtemps dans les stratégies communicationnelles et marketing de l'entreprise. En effet, le consommateur est un individu qui traite de l'information spécifique (évaluer un prix), qui ressent des émotions elles aussi spécifiques (apprécier un restaurant), qui noue des interactions sociales particulières (préférer tel vendeur). Or, il y a longtemps que le psychologue a acquis une compétence théorique et technique certaine dans la compréhension des mécanismes de traitement, d'activation d'humeur ou des relations sociales. La psychologie, par ses concepts, ses théories et ses méthodes, pourrait donc devenir une science utile à la communication commerciale et au marketing. Cet ouvrage en apporte la preuve en présentant les travaux, essentiellement anglo saxons, d'application de la psychologie au commerce en général et au comportement du consommateur en particulier.

PREMIÈRE PARTIE

Perception de l'information
et comportement d'achat :
pièges, biais et limites du traitement
de l'information

« Les deux tiers de ce que l'on voit sont derrière l'œil », dit un proverbe chinois. Cela semble vrai. La recherche en sciences du comportement et en cognition permet aujourd'hui d'être absolument certain que l'être humain, donc le consommateur, ne traite pas l'information, sans que celle-ci soit altérée, subjectivement réinterprétée ou biaisée. L'hypothèse d'une rationalité du traitement de l'information et du fonctionnement cognitif de l'humain n'est qu'un idéal. Le fonctionnement de la mémoire humaine, les préconceptions normatives, les influences inconscientes et non contrôlées… sont autant de facteurs qui prédisposent à biaiser l'information. Si l'on ajoute à cela que les cinquante dernières années des sociétés modernes sont marquées par l'explosion de l'information, on peut être certain que tout concepteur d'un message a de fortes probabilités de voir que le contenu risque de ne pas être interprété comme il le souhaiterait. On peut penser que l'évolution de ces mêmes sociétés n'est pas prête à enrayer ce phénomène, et le volume d'information que nous traitons chaque jour est bien loin de celui que nous traiterons dans cinquante ans.

La mise en évidence de ces pièges, limites et biais du traitement de l'information a conduit les chercheurs à élaborer des techniques d'influence qui affectent le comportement du consommateur. Tout au long de ce chapitre, vous verrez que ces techniques sont simples, car elles n'utilisent que quelques mots ou chiffres. Pourtant, leur efficacité apparaît redoutable et, là encore, l'innovation du marketing informationnel n'est pas près de s'arrêter.

Le chapitre I s'intéresse aux prix psychologiques, les *charm prices*, comme les appellent les Anglo-Saxons. Parcourez un catalogue et vous observerez que la plupart des prix contiennent une terminaison « 9 ». Cette banalisation de l'usage du chiffre 9 est fondée sur une habitude. Aujourd'hui, ces prix appartiennent à notre environnement quotidien d'affichage, et on sait que, selon les études, les pays, mais aussi les produits ou services, leurs montants, entre 6 et 8 prix sur 10, arborent une terminaison « 9 ». Ils sont employés pour des produits à bas prix (1 €) mais également pour des produits largement plus coûteux (voiture, immobilier). On les trouve partout et en abondance, mais ont-ils réellement un impact sur notre comportement d'achat ? Si oui, où cette influence s'exerce-t-elle ? Comment opère-t-elle d'un point de vue cognitif ?

Le chapitre II tente de répondre à une question : sommes-nous influencés par une information sans que nous en soyons conscients ? Évidemment, comme tout individu qui souhaite offrir une bonne image de lui, vous répondrez « non ». Vos actions sont guidées par votre bon vouloir en toutes circonstances et, même si vous pouvez agir sur une impulsion, un coup de tête, vous conservez toujours le contrôle de ce qui va se passer... Vous verrez que ce contrôle est loin de correspondre à la réalité cognitive de la personne.

Le chapitre III traite de la publicité, élément le plus omniprésent de présentation et de valorisation des produits ou des services. La sphère commerciale n'est pas son seul objectif, puisque la prévention, par exemple, passe essentiellement par elle pour tenter de corriger notre comportement au volant, nous faire réduire notre consommation d'énergie... Mais la publicité est-elle réellement efficace ?

Le chapitre IV s'interroge sur la force persuasive d'un argumentaire : ce qui est dit a-t-il son importance ? Si l'on est intimement convaincu que le message est influent, la recherche révèle néanmoins des paradoxes. Elle étudie peu l'influence du contenu de manière expérimentale, et la psychologie n'a que récemment porté un intérêt aux courtes locutions, au pouvoir d'influence de quelques mots. Pourtant, les travaux présentés ici attestent que ce qui paraît anodin dans nos interactions sociales, dans les messages qui nous entourent, dissimule un potentiel d'influence important.

I

LES PRIX PSYCHOLOGIQUES
« 999999999999999999999999999999 »

1

Afficher le prix d'un produit à 9,99 € au lieu de 10,00 € permet-il d'en vendre plus ?

Pour la petite histoire, l'origine de ces prix n'a absolument rien à voir avec une stratégie marketing d'influence du comportement du consommateur. Selon Hower (1943), vers la fin du XIXe siècle et le début du XXe, des commerçants et responsables de magasins les auraient utilisés aux États-Unis afin de réduire les vols commis par les vendeurs. Comme il fallait rendre la monnaie aux clients (on payait en espèces à l'époque), cela incitait le personnel à se rendre à la caisse, donc à ne pas garder sur lui la somme remise par le client. Ainsi, lorsqu'un marteau coûtait 1,99 $ au lieu de 2,00 $, les clients ne manquaient pas de réclamer le cent dû.

Bien que ces prix soient pratiqués depuis près d'un siècle, peu de recherches scientifiques et de travaux expérimentaux ont été menés pour tester leur efficacité. Il a fallu attendre 1996 pour que l'effet de ces prix sur le comportement d'achat soit enfin analysé.

Schindler et Kibarian (1996) ont adressé par courrier un catalogue de 24 pages regroupant 169 vêtements pour femmes, dont les prix allaient de 7 à 120 $ (soit une moyenne de 30 $). Le catalogue avait été réalisé en deux versions : dans la première, tous les prix avaient une terminaison pleine (7,00 $, 18,00 $, 50,00 $, 100 $) ; dans la seconde, qui contenait exactement les mêmes produits présentés à l'identique, tous les prix avaient une terminaison « 99 » (6,99 $, 17,99 $, 49,99 $, 99,99 $). Chacune a été envoyée à un échantillon de 30 000 femmes. Les échantillons ont été extraits de manière aléatoire (par tirage au sort) à partir d'une base de données de femmes comprenant plus de 600 000 adresses. Les commandes ont été enregistrées sur une période de 6 mois.

Taux d'achat et montant moyen des achats selon la terminaison des prix

	,99	,00
Taux d'achat (en %)	3,23	3,07
Montant moyen des achats (en $ US)	80,91	78,75

Comme le souligne l'analyse statistique, seul le montant moyen des achats a augmenté. Les prix à terminaison « 9 » ne déclenchent pas plus favorablement l'achat, ils conduisent les consommatrices à dépenser plus. Des analyses complémentaires ont d'ailleurs révélé que les consommatrices ayant reçu le catalogue avec les prix pleins ont consommé dans les mêmes proportions (25 %) sur la totalité de la gamme, tandis que celles ayant reçu le catalogue avec des prix « 9 » ont moins acheté de produits à prix inférieurs à 50 $ et plus de produits supérieurs compris entre 50 et 100 $. Au-delà de 100 $, les prix « 9 » (109,99 $, 199,00 $) n'exerçaient plus d'effet.

On observe donc un effet positif des prix à terminaison « 9 » sur le comportement d'achat des personnes. Des recherches menées en France ont confirmé cet effet d'influence. Ainsi Ngobo, Legohérel et Guéguen (2010), via l'analyse de données d'achat dans la grande distribution, ont retrouvé les résultats ci-dessus. Pour les produits où l'offre est importante, les prix « 9 » n'augmentent pas le taux d'acheteurs mais conduisent un même individu à acheter en plus grande quantité, ce qui pourrait vouloir dire que le produit est perçu comme une meilleure affaire, donc conduirait la personne à acheter plus d'unités du même produit.

D'autres travaux montrent d'ailleurs que l'attrait pour des produits basiques s'accroît lorsqu'ils sont affichés avec des prix à terminaison « 9 ». Guéguen et Jacob (2005b) ont réalisé une expérience au rayon fromage d'une petite épicerie de quartier. Ils alternaient toutes les 2 heures, pour les produits présentés, des prix à terminaison « 9 » et à terminaison pleine. De discrets observateurs regardaient ce que faisaient les personnes qui s'arrêtaient à ce rayon. Les résultats mesurés sur 2 jours montreront que 51,2 % des personnes qui se sont arrêtées devant les fromages lorsque les prix étaient à terminaison « 9 » en ont acheté, contre 44,1 % lorsqu'ils étaient à terminaison pleine.

En outre, comme dans l'expérience de Schindler et Kibarian (1996), une augmentation du panier moyen a été enregistrée, puisqu'il est passé de 5,08 € en prix à terminaison pleine à 6,53 en prix à terminaison « 9 ».

Dans une seconde évaluation, plus originale, les prix étaient donnés oralement. Guéguen et Jacob (2005*a*) ont demandé à des étudiants de solliciter des personnes en porte-à-porte afin de leur vendre des crêpes, en leur précisant que les gains serviraient une bonne cause (la lutte contre la mucoviscidose). Les étudiants proposaient la demi-douzaine de crêpes soit à 2,00 €, soit à 1,99 €. 59,0 % des personnes visitées en ont acheté quand le prix était à terminaison « 9 », contre 45,5 % lorsqu'il s'agissait d'un prix rond.

Il est à noter qu'une réplication a été faite de cette expérience sur de très grands effectifs : elle a confirmé l'effet sur le taux d'achat (58,2 % en prix « 9 » contre 47,4 % en prix plein) mais n'a pas mis en évidence de différence significative en ce qui concerne le nombre moyen de paquets achetés (1,24 en prix « 9 » contre 1,31 en prix plein).

Pizza « 9 »

Les cartes de restaurant n'échappent pas non plus à la mode d'utilisation des prix « 9 » avec la fameuse « lotte à l'armoricaine » du célèbre restaurant Le Cap Horn proposé à 24,95 €. Il semble toutefois que, dans un tel contexte, il faut bien choisir l'usage de ces prix pour rendre un plat attrayant aux yeux du consommateur.

Guéguen, Jacob, Legohérel et NGobo (2009) ont testé l'attrait que pouvait présenter une pizza selon qu'elle était à prix « 9 » ou à prix « 0 » et qu'elle était présentée avec d'autres pizzas elles-mêmes à prix « 9 » ou « 0 ». Dans leur recherche, une pizza dite pizza-cible, qui était la deuxième des pizzas par le nombre de commandes sur les trois mois précédent l'expérimentation, a fait l'objet de modifications de prix selon les semaines. Dans un premier temps, cette pizza-cible était proposée à 8,00 € tandis que les prix des autres pizzas étaient tous des prix « 0 » également. Dans un second temps, cette pizza-cible est passée à 7,99 € tandis que les autres items restaient tous à prix « 0 ». Enfin, lors d'une troisième période d'observation, la pizza-cible est restée à 7,99 € mais toutes les autres pizzas sont également passées en prix « 9 ». Chaque période d'observation durait deux semaines, ce qui a permis de voir les changements des choix des clients comme le montre le tableau ci-après.

On constate que l'effet de la pizza-cible ne s'observe que lorsqu'elle est à prix « 9 » et qu'elle se retrouve parmi d'autres pizzas dont le prix est resté plein. Il semble donc que le prix « 9 » la rende distinctive à ce moment-là.

Taux de sélection de la pizza-cible

	Pizza-cible « 0 » et autres « 0 »	Pizza-cible « 9 » et autres « 0 »	Pizza-cible « 9 » et autres « 9 »
Taux d'achat de la pizza-cible parmi l'ensemble des clients	16,47 %	25,51 %	18,32 %
Taux d'achat de la pizza-cible parmi les clients ayant commandé une pizza	34,15 %	49,50 %	35,98 %

La distinctivité des prix « 9 »

De tels effets de contraste rejoignent ceux obtenus par Anderson et Simester (2003) et montrent que les prix « 9 » entraînent un effet d'attractivité et conduisent à plus de ventes même lorsque ce n'est pas le prix le plus avantageux pour le client. Un catalogue de vente par correspondance de vêtements pour femmes était expédié dans lequel on manipulait le prix de quatre robes dont le prix était à terminaison « 9 » (39 $, 49 $, 59 $, 79 $). Dans deux autres conditions de présentation, ces robes étaient présentées avec une variation de 5 $ en plus ou en moins (exemple : 44 $ ou 34 $ pour 39 $; 54 $ ou 44 $ pour 49 $; etc.). Les résultats montreront une augmentation de près de 40 % du nombre de robes

achetées (pour tous les modèles) en condition de prix
« 9 » par rapport aux deux autres conditions. Même une
robe à 34 $ pourtant plus intéressante financièrement
est moins achetée que la même à 39 $. Il semble bien
que ce type de prix attire l'attention vers les produits.

Ces chercheurs ont effectué des tests complémentaires sur le taux d'achat en augmentant le nombre de
prix sur un catalogue avec un prix « 9 » (120 sur 211).
Ils montreront encore une augmentation moyenne des
achats sur les produits à prix « 9 » d'environ 15 %. En
outre, ils observeront que l'effet du prix « 9 » a été
plus fort sur des nouveautés (+ 22 %) que sur les produits déjà existants (+ 10 %). Ces chercheurs observeront également que ces prix « 9 » sont encore plus
efficaces sur les ventes s'ils ne sont pas accompagnés
d'une mention de réduction.

Conclusion

On constate donc que les prix « 9 » ont un réel effet
sur le comportement d'achat. Certes, ces effets sont
parfois modestes mais, dans certains cas, l'augmentation du taux d'achat est importante. En outre, il
semble bien que l'effet soit lié à la distinctivité de ces
prix. Il faut les placer au bon endroit et les mélanger
avec d'autres prix, ne pas mentionner une promotion
et plutôt les faire figurer pour des produits nouveaux.
Cela laisse à penser que d'autres facteurs sont susceptibles d'intervenir dans l'efficacité de ces prix. Ces prix
existent depuis longtemps, mais ils tardent encore à
livrer tous leurs secrets.

2

Pourquoi aimez-vous les prix « 9 » ?

Dans l'expérience de Schindler et Kibarian (1996), l'ensemble des prix que traitaient les personnes recevant le catalogue était constitué soit de prix à terminaison « 9 », soit de prix pleins. Il est donc possible que l'effet observé provienne d'une impression générale plutôt que d'un traitement spécifique de certains produits. Qu'en est-il lorsque ces prix « magiques » sont mélangés avec d'autres prix conventionnels ?

Schindler et Warren (1988) ont proposé à des étudiants de constituer leur repas à partir de différentes propositions rangées par catégories (boisson, entrée, plat principal, dessert, salade, potage), puis de le commander. Le nombre de propositions par catégorie variait de 2 à 28. Dans une même liste de propositions, figuraient des prix à terminaison pleine (40,00), à terminaison « 9 » (39,95) ou à terminaison de remplissage (40,25, 40,50). Bien entendu, pour chaque personne, les types de prix affectés variaient afin de contrôler un certain nombre de préférences/évitements pour certaines propositions. Elle disposait de 1 minute pour effectuer son choix, puis elle devait répondre à un questionnaire permettant de mesurer l'importance des prix dans son choix, la difficulté de la sélection. Ensuite, on lui demandait de se souvenir du prix des éléments composant le menu qu'elle avait choisi.

Les résultats ont été très clairs : les plats affichés avec un prix à terminaison « 9 » sont statistiquement plus choisis. Paradoxalement, le prix n'est absolument pas évoqué par les personnes pour expliquer leur choix, et celles-ci ne se souviennent pas mieux des prix, quel que soit leur type de terminaison. Ces chercheurs observeront toutefois une sous-estimation plus grande des prix à terminaison « 9 » : un plat affiché à 6,99 \$ est rappelé à 6,00 \$, tandis qu'un plat à 7,00 \$ est rappelé à 7,00 \$, voire 7,25 \$.

Les prix à terminaison « 9 » sont également rattachés à des connotations et des représentations partagées à la fois par les clients et les commerçants. Dans le cadre d'une analyse de plusieurs millions d'actes d'achat dans la grande distribution, Ngobo, Legohérel et Guéguen (2010) ont observé que les prix « 9 » sont volontiers plus utilisés pour des promotions tandis que les prix « 0 » se retrouvent plus fréquemment dans les catégories de produits jugés les plus chers. Implicitement, cela voudrait dire que la volonté de traduire la qualité est associée au prix « 0 » et la volonté de traduire du bon marché mais aussi du plus bas de gamme est associée aux prix « 9 ». De fait, les clients possèdent ces mêmes représentations (Stiving, 2000). Si vous voulez donner une image de qualité ou de luxe à vos produits, évitez d'utiliser des prix à terminaison « 9 ».

Conclusion

Les prix à terminaison « 9 » participent au traitement de l'information et aux décisions de sélection des produits. Mais, curieusement, les individus, c'est-à-dire vous et moi, n'ont pas conscience de l'effet de ces prix sur leurs décisions.

3

Pourquoi acheter un produit en promotion vous donne-t-il l'impression d'être plus intelligent ?

Vous avez certainement remarqué ces publicités vantant des réductions accordées, où l'ancien prix est barré à côté du nouveau prix. En général, le prix barré (l'ancien prix) est un prix plein, tandis que le nouveau est un prix « 9 ». Ce petit détail sert à vous faire croire à un écart plus grand entre les deux prix et à vous persuader que vous êtes sur le point de réaliser une bien meilleure affaire. Mais cet effet est-il réel ? Une recherche récente a tenté d'étudier l'impact de ce type de pratique sur la perception d'une ristourne.

Guéguen et Legohérel (2004) ont projeté à des étudiants des diapositives de produits qui leur étaient familiers (montres, cafetières électriques, calculatrices…). La gamme de prix oscillait entre 5 et 70 €. On leur précisait qu'il s'agissait de photographies prises au moment des soldes, ce qui permettait de justifier la particularité de l'affichage des prix : un prix était barré, tandis qu'un nouveau prix était affiché plus bas. Bien entendu, selon les personnes testées, le nouveau prix était soit à terminaison « 9 », soit à terminaison pleine. Il y avait donc deux types de présentation, à l'instar de cet exemple concernant un petit sac à dos d'une valeur de 13 € :

~~13,00 €~~ Maintenant au prix de… 11,00 €	~~13,00 €~~ Maintenant au prix de… 10,99 €

Les étudiants visualisaient l'ensemble des diapositives, puis un certain temps était consacré à d'autres tâches sans lien afin d'occuper leur mémoire de travail. On leur présentait ensuite les mêmes produits dans un ordre différent du précédent mais, cette fois, sans aucune mention du prix. On leur disait qu'ils se souvenaient certainement que chacun de ces produits avait vu son prix baisser au moment des soldes. Leur tâche consistait à essayer de se rappeler quel était environ le taux de réduction qui avait été appliqué pour chaque produit.

Sur 9 produits sur les 10 présentés, les sujets de l'expérience ont estimé que la remise était plus importante, lorsque le nouveau prix était à terminaison « 9 » que lorsqu'il était à terminaison pleine. Un supplément de gain d'environ 15 % en moyenne a été observé dans ce cas.

Conclusion

Passer un produit de 13,00 € à 10,99 € conduit le consommateur à percevoir une plus forte remise que

de le passer de 13,00 € à 11,00 €. Pourtant, objectivement, le différentiel réel est infime. Le prix à terminaison « 9 » semble donc ne pas être analysé dans sa
totalité, ce qui a pour conséquence de biaiser l'activité
de jugement et d'évaluation des personnes. Une autre
recherche a d'ailleurs confirmé cet effet et a montré
le même phénomène en prenant la méthode inverse
(Guéguen, 2001). On partait d'un prix « 9 » ou d'un
prix plein pour arriver à chaque fois à un prix « 9 » (on
passait soit de 12,99 €, soit de 13,00 € pour arriver à
10,99 € dans les deux cas). Les résultats mettent en
évidence ici une perception de plus forte remise dans
le cas d'un passage d'un prix plein à un prix « 9 »
(13,00 € à 10,99 €).

Enfin, lorsque les prix augmentent (cela arrive
malheureusement), on observe le même effet de biais
d'évaluation. Schindler (1984) a prouvé que faire
passer le prix de 30,00 € à 31,99 € est plus judicieux
que de le passer de 30,00 € à 32,00 €. Les consommateurs confrontés aux deux étiquettes à deux jours
d'intervalle sont plus nombreux à ne pas percevoir
qu'il y a eu augmentation dans le premier cas que dans
le second. Or, une telle perception peut évidemment
faire renoncer à l'achat.

4

Pourquoi les prix « magiques » sont-ils vraiment magiques ?

Dans les expériences précédentes, vous venez de prendre conscience que les prix « 9 » exercent un impact sur le consommateur que vous êtes. Cependant, sachez que constater un effet ne permet pas de l'expliquer. Que se passe-t-il dans votre tête, lorsque vous analysez un produit quelconque affichant un prix à terminaison « 9 » ? Différentes interprétations sont fournies par les chercheurs dans ce domaine, mais, là encore, il y en a peu qui reçoivent une validation expérimentale.

La principale explication donnée à cet effet est celle de Schindler et Wiman (1989), elle porte le nom d'effet de sous-détermination. Cette théorie repose sur le principe de transfert des informations encodées vers la mémoire à long terme (MLT), c'est-à-dire la mémoire où sont stockés les souvenirs, et sur les processus de récupération de ces informations. Avec les prix à terminaison « 9 », les chiffres de droite reçoivent moins d'attention et sont moins répétés, ce qui diminue la probabilité d'être transférés en MLT. Lors du rappel, la moindre importance des chiffres de droite conduirait le client à faire moins d'efforts pour retrouver ces éléments. Au moment du rappel, le consommateur est obligé de deviner la terminaison du prix. Selon le cas, cette estimation est correcte ou non. Ainsi, si le consommateur attribue un 9 à la terminaison (parce qu'il sait que cela est familier), il effectue une estimation correcte avec un prix à terminaison « 9 », mais il surestime le prix avec une terminaison pleine : le rappel de 200,00 et 199,95 se transformerait en 299 et 199. Une expérience a tenté de vérifier ce phénomène.

Schindler et Wiman (1989) présentaient à des personnes un jeu de petites affiches sur lesquelles figuraient des produits familiers (montre digitale, caméra 35 mm, lampe de bureau…) avec un prix. Ce prix était soit à terminaison pleine, soit à terminaison « 9 ». On demandait au sujet de bien observer chacune de ces affiches, car on lui poserait des questions ultérieurement. Deux jours plus tard, on redonnait les affichettes mais sans les prix. La personne devait alors donner le prix vu deux jours plus tôt. Dans un premier temps, le taux de rappel correct des prix a été mesuré pour chaque palier de valeur : les centaines, les dizaines, les unités…

Taux de rappel correct des prix selon leur valeur

Centaines	Dizaines	Unités	1re décimale	2e décimale
63,0	44,0	37,0	47,0	32,0

Au fur et à mesure que l'on va vers la droite, les performances de rappel diminuent. Cela confirme l'hypothèse d'une baisse de l'attention consacrée aux chiffres de droite.

Afin de vérifier dans quel sens les erreurs se sont produites, les chercheurs ont estimé, pour chaque type de prix, si la valeur rappelée était supérieure, inférieure ou égale.

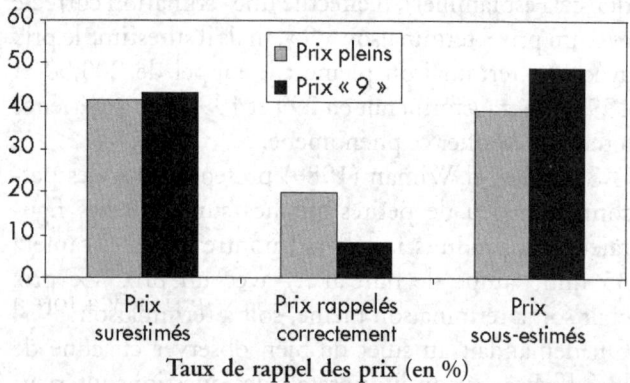

Taux de rappel des prix (en %)

Les prix « 9 » induisent plus d'erreurs de rappel, mais, comme on le voit, ces erreurs se portent plus vers une sous-détermination.

Conclusion

Le souvenir du prix d'un produit présenté avec une terminaison « 9 » paraît induire une sous-évaluation de son prix réel. Cela peut expliquer l'effet sur les achats : les produits seraient jugés moins chers, ce qui favoriserait l'achat.

5

Pourquoi les prix « 9 »
sont-ils à double tranchant ?

Ce que nous venons de voir à propos des prix « 9 » et de leur impact sur le comportement et la perception du consommateur peut laisser entrevoir d'autres applications de ce type de terminaison. Ainsi, il y a fort à parier qu'une publicité d'une banque ou d'un organisme de crédit aura tout intérêt (c'est le cas de le dire) à présenter ses taux avec une terminaison « 9 » : 4,99 % d'intérêt TEG compris a plus de probabilités d'être interprétée comme 4 % que comme 5 %. Dans d'autres circonstances, on aura intérêt à ne pas recourir à des terminaisons « 9 » mais plutôt à des terminaisons pleines.

Deux chercheurs texans, Bartsch et Paton (1999), se sont penchés sur les ventes de billets pour 52 tirages de la loterie au Texas en fonction de la valeur de la cagnotte proposée. Ils ont observé qu'un passage de cagnotte de 9 000 000 de dollars à 10 000 000 de dollars conduit à un excédent de vente de billets d'environ 670 000 unités tandis qu'un passage de 10 à

11 millions ou de 8 à 9 millions ne conduirait qu'à un supplément de vente de 340 000 unités, soit deux fois moins.

Il y a implicitement des paliers. Bartsch et Paton vont d'ailleurs aller loin dans leur analyse de ces effets négatifs des chiffres à terminaison « 9 », en soulignant que l'on pourrait manipuler les salaires de la même manière : un salarié payé 1 500 € par mois serait plus satisfait de son salaire que s'il était payé 1 499 €…

Conclusion

Comme on peut le voir, il ne faut pas toujours employer une terminaison « 9 ». En fonction de l'objectif recherché, il faudra toujours se placer du côté du consommateur et voir ce qui a le plus de probabilités de lui faire croire qu'il fait une bonne affaire.

II

L'INFLUENCE AUTOMATIQUE ET NON CONSCIENTE

6

Sublimes images : mythe ou réalité ?

En 1957, James Vicary, un responsable marketing américain basé dans l'État du New Jersey, proclamait qu'il avait augmenté dans un cinéma les ventes de Coca-Cola de 18 % et celles de pop-corn de 50 %, en présentant aux spectateurs, de manière subliminale, les phrases « Mangez du pop-corn » et « Buvez du Coca ». Cela déclencha un scandale, alors que, en réalité, c'était un canular inventé par Vicary pour faire parler de son agence publicitaire qui courait à la faillite. Le mal était toutefois fait, et un mythe était né.

Peut-on influencer le comportement des individus à partir d'images, de mots auxquels ils sont exposés mais qu'ils ne perçoivent pas, parce que celles-ci sont présentées trop rapidement pour être vues ? Les images subliminales effraient, suscitent des discussions et inspirent même certains films. De nombreuses rumeurs sont associées à ces images (notamment leur utilisation par les militaires pendant la guerre du Golfe ou la guerre en Irak), mais les preuves expérimentales de leur effet sont méconnues.

L'expérience menée en France par Channouf, Canac et Gosset (1999) a permis d'en savoir un peu plus sur cet effet. Ces chercheurs ont demandé à des personnes de participer à une expérience d'analyse lexicale. En réalité, il s'agissait d'un prétexte pour pouvoir réellement mener à bien l'expérience. Le sujet se tenait devant un écran d'ordinateur où se succédaient des informations visibles ou non. Au préalable, on lui avait précisé sa tâche : il devait dire le plus rapidement possible si le mot présenté à l'écran était ou non un mot français, en appuyant sur une touche d'un boîtier prévu à cet effet. Un cadre blanc apparaissait à l'écran pendant 800 millisecondes. Puis, le dessin d'une bouteille de Coca-Cola ou d'une bouteille d'Orangina ou celui d'une table était présenté pendant 45 millisecondes (temps d'affichage inclus). Ce temps ne permettait pas de reconnaître l'image d'autant que, immédiatement après, un masque constitué de traits et de courbes entrecroisés occupait l'écran pendant 83 millisecondes afin de fournir au sujet un autre stimulus complexe à analyse. Enfin, un mot apparaissait à l'écran. Ce scénario était répété 15 fois de suite, seul le mot de la tâche prétexte changeait. Avec une telle tâche, les chercheurs étaient sûrs que le participant ne quittait pas l'écran des yeux et était ainsi plus susceptible de s'impliquer. À la fin de l'expérience, le sujet se voyait offrir un rafraîchissement : un Coca-Cola ou un Orangina.

Choix des personnes selon le stimulus utilisé (en %)

Sélection de boisson	Stimulus subliminal utilisé		
	Coca-Cola	Orangina	Table
Coca-Cola	50,0	36,7	23,3
Orangina	40,0	43,3	16,7
Rien	10,0	20,0	60,0

Cette recherche souligne deux effets intéressants. Lorsque le dessin d'une bouteille est utilisé comme stimulus subliminal, il conduit les personnes à accepter plus facilement une boisson : 85 % ont pris une boisson contre 40 % seulement avec la photo de la table. Le désir de boire semble être activé de manière subliminale par une image en lien avec ce besoin. En revanche, le type de stimuli en lien avec la boisson n'oriente pas vraiment le choix de la boisson, même si, de manière tendancielle, un certain lien est obtenu.

Le désir de boire peut être suscité de manière subli minale. On notera que Channouf, Canac et Gosset ont retrouvé des résultats dans une autre expérience, en utilisant cette fois un verre comme stimulus : 80 % des personnes ont accepté de prendre la boisson proposée contre 40 %, lorsqu'une table était montrée. C'est le lien entre le stimulus et le comportement recherché qui paraît ici essentiel. D'ailleurs, employer des images ne s'avère pas essentiel. Dans une expérience, utilisant des mots et non plus des images, on observe les mêmes effets. Le mot « boire » conduit les sujets à accepter une boisson dans 75 % des cas, contre 35 % avec le mot « croire » (Guéguen, Fischer-Lokou et Lépy, 2004). Il semble donc qu'il faille un lien entre le stimulus utilisé et l'activation du besoin physiologique visé.

Bien entendu, ces recherches ont été réalisées dans un contexte particulier qui n'est guère celui d'un cadre commercial habituel. Toutefois, on peut facilement imaginer transférer ce principe dans un contexte d'influence en magasin ou ailleurs, par exemple une borne d'information située près d'un distributeur de boissons.

George et Jennings (1975) ont projeté à plusieurs dizaines d'étudiants de l'information sur un thème quelconque (la délinquance) afin de focaliser leur attention sur un écran. En condition subliminale, les mots *Hershey's Chocolate* apparaissaient en surimpression au centre de l'écran à travers un bref flash de lumière de 1/50 de seconde. Bien entendu, les sujets du groupe contrôle n'étaient pas exposés à cette information publicitaire. Ensuite, on mesurait leur consommation du produit activé et d'autres produits pendant 10 jours. Afin de vérifier les achats de barres de chocolat des étudiants du groupe expérimental et des étudiants du groupe contrôle, des points de vente de chocolat surveillés avaient été installés dans tout l'établissement scolaire. Le magasin du collège était le seul vendeur de barres de chocolat à moins de 6 kilomètres à la ronde, et les étudiants n'avaient aucun moyen de se déplacer. Durant 10 jours, les chaînes de radio locales émettaient le nom de plusieurs marques de barres de chocolat afin de tenter les étudiants. Voici les résultats des ventes de chocolat pendant cette période :

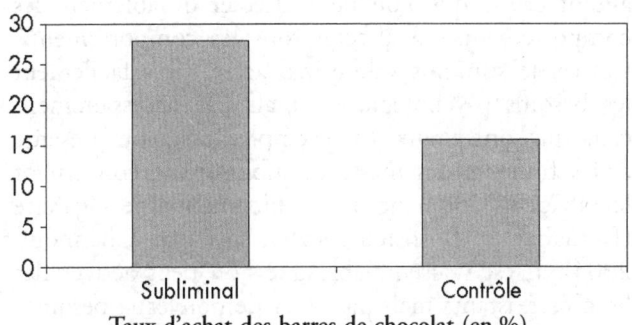

Taux d'achat des barres de chocolat (en %)

Les chiffres sont clairs : le taux d'achat est plus élevé dans le groupe exposé au message subliminal. Toutefois, une fois qu'on a analysé les ventes selon les marques de chocolat, aucune différence n'a été observée. Les étudiants n'ont pas acheté plus favorablement le chocolat Hershey. Ils ont tout simplement consommé plus de chocolat en général.

Conclusion

Nos besoins physiologiques peuvent donc être activés par le biais d'un message ou d'une illustration présentée de manière subliminale ; en revanche, orienter notre choix est impossible. En d'autres termes, on suscite notre besoin de boire ou de manger plus aisément, mais on ne parvient pas à nous faire choisir entre telle ou telle sucrerie ou boisson.

Ces travaux montrent un effet de l'information subliminale, mais pas d'affolement, il ne faut pas pour autant croire que l'on peut affecter durablement les comportements ou affecter tous les comportements. Certes, le stimulus subliminal active plus facilement les besoins psychologiques, mais pas nécessairement ceux qui sont vitaux. Par exemple, lorsqu'on présente à des fumeurs des messages subliminaux concernant le tabac, ils allument plus rapidement une cigarette (Palmatier et Bornstein, 1980, cité par Channouf, 2004). Il est vraisemblable que l'on peut activer des besoins existants mais pas créer de nouveaux besoins.

Il en irait de même dès que l'on tente d'affecter des comportements à plus long terme : les effets s'estompent. Ainsi, les recherches sur les tentatives de perte de poids par l'intermédiaire de messages subliminaux auditifs ou visuels ne révèlent aucun effet. En revanche, ce qui est efficace est le fait que les personnes qui souhaitent perdre du poids pensent que la cassette contient ce type de message, alors que ce n'est pas le cas (Merikle et Skanes, 1992). Mais des paradoxes existent aussi. Silverman et ses collaborateurs (1978) sont parvenus à faire perdre du poids à des jeunes femmes obèses avec un message tel que : « Maman et moi ne faisons qu'une. » Cela a peut-être fonctionné, parce que le message ne visait pas la même chose (il s'inscrit dans la problématique relationnelle mère-enfant) et qu'il a été répété pendant plusieurs semaines. Pour modifier des comportements de manière durable et sur une longue période, une exposition plus longue s'avère peut-être nécessaire, ce qui complique les choses dans un cadre commercial.

7

Pourquoi, quand on vous parle poliment, avez-vous tendance à répondre sur le même ton ?

L'activation subliminale, telle que nous l'avons présentée précédemment, suppose des moyens techniques importants ou tout au moins certains appareillages. La méthodologie utilisée par l'amorçage (le *priming* pour les Anglo-Saxons) est plus simple à mettre en œuvre, mais elle aboutit à des résultats encore plus troublants. L'idée générale de cette méthode est que certaines informations peuvent être clairement perçues, mais que le fait de les traiter constitue une sorte de préparation cognitive à des activités de décision ultérieures ou des comportements qui, pourtant, en apparence, ne sont pas reliés. Vous verrez à plusieurs reprises, dans la suite de cet ouvrage, que cette information initiale, facile à présenter et sous de multiples formes (mots, image, objet, son…), affecte le comportement du consommateur. Ce dernier est totalement inconscient du lien qui s'établit entre cette information préalable et son jugement ou comportement ultérieur. Être inconscient du lien entre différents phénomènes est également un biais du traitement de l'information qui peut être exploité pour nous faire accomplir des choses que nous n'aurions pas réalisées spontanément.

La recherche de Bargh, Chen et Burrows (1996), quoique ne portant pas sur le comportement du consommateur, est celle qui illustre le mieux la méthodologie de l'amorçage et son effet sur des comportements inattendus.

L'amorçage des individus s'opérait par le biais d'une première tâche consistant à reconstituer des phrases dont les mots étaient dans le désordre (partir/il/à la plage/est/à : Il est parti à la plage). Différentes phrases dans le désordre étaient données, et, pour un groupe, un certain nombre de ces phrases utilisaient des mots qui évoquaient la vieillesse (vieux, seul, dépendant, prudent…). Le sujet effectuait la tâche. Puis on le remerciait, en lui précisant qu'il pouvait partir. Il sortait alors de la salle d'expérimentation pour se retrouver dans un couloir où un observateur assis, attendant apparemment quelqu'un, mesurait la vitesse qu'il mettait pour parcourir la distance séparant le seuil de la porte et un point donné fixé à l'avance.

Les résultats sont éloquents. Le groupe des individus activés par des mots connotant la vieillesse a mis plus de temps pour parcourir une distance donnée.

L'effet de la tâche d'amorçage souligne qu'une activité que nous effectuons peut interférer sur un comportement ultérieur. Ici, de simples mots et une tâche de reconstitution de phrases se sont répercutés sur la vitesse de déambulation des personnes. Bargh et ses collaborateurs mettront en évidence le même effet

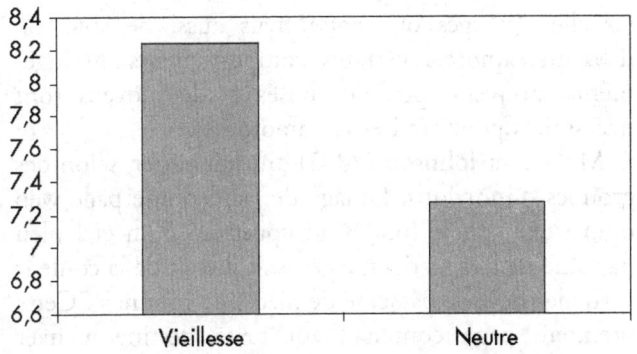

Temps mis pour parcourir la distance définie (en secondes)

pour d'autres comportements plus sociaux. Ainsi, toujours par rapport à quelqu'un amorcé avec des mots neutres, un individu amorcé avec des mots en lien avec l'impolitesse se révèle plus impoli par la suite pour interrompre quelqu'un. Dans le même temps, un individu amorcé avec des mots en lien avec la politesse a moins de probabilités d'être impoli et d'interrompre autrui.

Dans les recherches présentées ci-dessus, un amorçage est plus facile, techniquement tout du moins, à réaliser qu'une activation subliminale. Toutefois, on pourrait être tenté de dire que la pesanteur est encore telle qu'il est difficile de sortir du laboratoire pour influencer le comportement ou les attitudes par le biais d'un amorçage. En fait, ces expériences de Bargh et de ses collaborateurs recourent à une des méthodes de l'amorçage, or il en existe de nombreuses autres qui permettent aussi d'obtenir de tels effets. Nous verrons ultérieurement que l'on peut, à l'aide d'informations visuelles (images ou mots) mais aussi de sons ou d'odeurs, amorcer certains comportements ou jugements. Souvent, peu de choses et de moyens sont nécessaires pour réaliser ces amorçages.

Mandel et Johnson (2002) ont fait varier, selon des groupes d'individus, l'image de fond d'une page web d'un site : soit le fond était constitué d'un ciel bleu parsemé de jolis petits nuages, soit il était de la couleur verte des dollars, parsemé de pièces de monnaie. Cette première page contenait un texte destiné à fixer l'attention des participants. Un bouton, situé en bas de page, permettait d'accéder aux pages présentant les produits (ici des canapés). À ce stade, l'information était la même dans les deux groupes. Les sujets devaient choisir entre deux canapés : un modèle A (économique mais moins confortable) et un modèle B (plus cher mais aussi plus confortable). Ceux amorcés par le fond bleu avec les nuages doux comme des morceaux de ouate ont préféré le modèle B, tandis que ceux qui ont eu une page de garde avec les pièces de monnaie sur fond vert couleur dollar ont opté pour le modèle A.

L'amorçage de l'amour

L'amour est un concept central chez l'être humain et des chercheurs se sont tout naturellement dit qu'un amorçage de concepts autour de cette dimension pourrait affecter le comportement des individus. Il semble que cela fonctionne très bien.

Lamy, Fischer-Lokou et Guéguen (2008) ont abordé des passants dans la rue en leur demandant, sous le prétexte d'une enquête, de se remémorer un événement amoureux de leur vie ou une musique qu'ils appréciaient beaucoup. Quelques instants après la fin de ce contact, ces personnes étaient abordées par une jeune femme compère qui les sollicitait afin d'obtenir un peu d'argent pour prendre le bus. Les résultats montreront que les passants ont apporté plus d'aide en condition d'activation de souvenirs romantiques.

Ces premiers résultats seront confirmés par d'autres travaux qui montreront que la même méthode d'amorçage conduit les passants à être plus nombreux à aider quelqu'un à se rendre sur un lieu et que l'explication donnée est de meilleure qualité (Fischer-Lokou, Lamy et Guéguen, 2009). On montrera également qu'un tel amorçage préalable suffit pour qu'une personne vienne plus spontanément en aide à autrui, par exemple, en l'aidant à ramasser des CD qu'il vient de faire tomber (Lamy, Fischer-Lokou et Guéguen, 2009). Enfin, nul besoin de faire remémorer des souvenirs amoureux, il suffit de demander à des gens dans la rue la direction de la rue Saint-Valentin pour que le même effet d'amorçage ait lieu.

Lamy, Fischer-Lokou et Guéguen (2010) ont ainsi demandé dans un premier temps à un compère d'aborder des hommes dans la rue en leur priant de leur indiquer la rue Saint-Valentin ou la rue Saint-Martin, bien connues dans la ville d'expérimentation. Par la suite, une jeune fille les sollicitait pour qu'ils

l'aident à récupérer un téléphone portable prétendument conservé par un groupe de quatre jeunes
hommes présents à proximité. Les résultats montreront que plus de passants dans la condition Saint-
Valentin ont osé aborder le groupe pour réclamer le
téléphone. Pour les chercheurs, Saint-Valentin aurait
activé des structures mentales en lien avec le comportement chevaleresque et l'obligation d'aide d'un
homme envers une femme dans le besoin et l'adversité, ce qui aurait conduit les hommes à braver le
groupe.

On constate donc que l'amour est une amorce puissante du comportement d'aide. Or, cela pourrait être
utilisé avec profit pour sensibiliser le comportement
des personnes lors de grandes campagnes de générosité.

Ainsi dans le cadre d'une recherche de terrain (Guéguen, Canevet, Hernot, Le Berrigaud, Le Lu, Prigent,
soumis), des étudiants en différents endroits d'un
campus universitaire, étaient sollicités par une jeune
fille compère pour effectuer un don au profit d'une
association de santé (la sollicitation se faisait dans le
cadre du Téléthon). Selon le cas, la bénévole portait
un tee-shirt blanc avec différentes inscriptions imprimées : aucune inscription ; « Aimer = Aider » ;
« Donner = Aider » ; seulement le Logo de l'organisation. On mesurait alors le nombre de personnes qui
acceptaient de donner et le montant du don qui
était reçu.

Taux de donateurs et montant moyen des dons selon les conditions expérimentales

Variables dépendantes	Type de tee-shirt porté			
	Aucune inscription	Aimer = Aider	Donner = Aider	Logo Téléthon
Taux de donateurs	36,2 %	48,6 %	26,7 %	30,5 %
Montant moyen des dons	1,95 €	2,48 €	1.59 €	2,17 €

On peut constater que par rapport à la condition contrôle sans message, l'inscription « Aimer = Aider » a conduit à augmenter le nombre de donateurs et le montant des dons tandis que « Donner = Aider » a conduit à le diminuer. Dans le premier cas (Aimer = Aider), le message aurait amorcé le concept de solidarité, d'entraide et de communauté, tandis que dans le second cas (Donner = Aider), cela pourrait avoir été perçu comme une pression à donner. Or, on sait qu'un individu, qui ne se sent pas libre de sa décision à faire quelque chose, a tendance à ne pas se conformer.

Il n'y a pas que les mots qui produisent un effet d'amorçage du comportement. Les objets qui nous entourent peuvent aussi devenir de redoutables activateurs de choix de consommation.

Jacob, Guéguen et Boulbry (2010) ont ainsi montré que le type de figurines présentes dans un restaurant pouvait influencer les commandes des clients.

En condition expérimentale, sur chacune des tables de la salle de restaurant, une petite figurine plâtre/

bois/tissu, représentant un bateau à voiles, est posée au centre de la table entre deux couverts. Une figurine de plus grande taille, représentant un vieux loup de mer de 50 centimètres, est placée sur un plateau situé à 1,40 mètre du sol dans un coin du salon-restaurant et est visible de l'ensemble des convives lors de leur entrée dans la salle. Enfin, des serviettes en papier sont placées dans les assiettes des clients avec, en impression couleurs, un losange bleu à l'intérieur duquel une représentation graphique d'un bateau ainsi qu'un extrait d'un poème marin sont imprimés. En condition de contrôle, aucune des figurines en référence à la mer n'est présente. Un petit bouquet de fleurs séchées est placé en substitut du bateau sur le plateau, d'autres vases contenant des fleurs séchées occupent également la place où se trouvaient les figurines en plâtre du vieux loup de mer tandis que les serviettes placées dans les assiettes sont de couleur ivoire unie. Il est à noter que cette condition de contrôle correspond à la décoration habituellement utilisée dans ce restaurant. Dans les deux conditions, le menu qui est donné à chaque client pour faire son choix est le même. Le choix du plat de viande ou de poisson a servi de variable dépendante dans cette recherche. Une évaluation sur les desserts a également été faite.

Taux de choix des plats selon les conditions

	Pas de référence à la mer	Référence à la mer
Choix plat de viande	67,5 %	35,0 %
Choix plat de poissons	32,5 %	65,0 %
Commande desserts	62,5 %	60,0 %

Les choix des clients ont été influencés par la présence des figurines. Une réplication de cette recherche confirmera les résultats et montrera que les clients n'ont pas été conscients de cette influence. En effet, interrogés sur l'influence que pourraient avoir exercée les figurines sur leur choix, les niveaux de conscience (très faibles d'ailleurs puisque peu remarqués) ont été les mêmes dans les deux groupes, même auprès des clients qui ont déclaré qu'ils n'avaient aucune idée de ce qu'ils avaient l'intention de commander avant d'entrer dans le restaurant. Il semble donc que les clients n'ont pas été en mesure de faire le lien entre la présence de ces figurines et leur choix, ce qui tend à attester que nous avons affaire à un processus automatique et non conscient d'activation du comportement.

Conclusion

L'influence par amorçage existe bel et bien. Parfois, il suffit de peu de chose pour influencer un comportement ou un jugement. En effet, l'idée d'un individu accomplissant des tâches totalement indépendantes les unes des autres est naïve. Le modèle de l'ordinateur est inadéquat pour expliquer le fonctionnement mental d'un individu.

On ne vide pas sa mémoire pour accomplir une nouvelle tâche ou produire un nouveau jugement. Il y a des choses, issues des activités antérieures, qui sont conservées ou activées par ces activités et qui influencent celles qui leur succèdent. On ne vide pas sa mémoire comme un ordinateur, on ne traite pas l'information indépendamment du contexte, et on ne se soustrait pas à l'influence de ses états internes aussi facilement qu'on peut le penser.

Les responsables de l'accueil des clients ou du marketing devraient en tirer des leçons : des éléments anodins peuvent être utilisés pour influencer des attitudes, jugements et comportements du consommateur.

III

PUBLICITÉ ET PERSUASION

8

Pourquoi, après avoir vu dix fois la photo d'une personne que vous ne connaissez pas, commencez-vous à l'apprécier ?

Tout le monde semble être d'accord sur un point : nous sommes surchargés d'informations, notamment commerciales. Le principal vecteur de cette transmission est la publicité. Les affiches, les publicités télévisuelles ou radiophoniques, les flyers, les prospectus sont inévitables. Mais cette surabondance nuit-elle à leur traitement ? Ne produit-elle pas l'effet inverse ?

Vous pensez que trop d'information tue l'information. Sachez que le simple fait d'être exposé suffit à changer les jugements des personnes. Cet effet dit de simple exposition a été démontré il y a près de quarante ans par un chercheur américain. Aujourd'hui encore, il est toujours d'actualité.

Zajonc (1968) a réalisé un ensemble d'expériences simples à mettre en œuvre mais qui illustrent parfaitement l'effet de la simple exposition sur les jugements. Selon le cas, des séries de lettres, de mots, de photographies de visages non connus étaient présentées à des personnes. Chacun de ces éléments était présenté 1,

2, 5, 10 ou 25 fois. Bien entendu, pour chaque sujet, on faisait varier la fréquence de présentation de chaque élément de la liste. Une évaluation de chacun de ces éléments était effectuée à l'aide d'une échelle. Des éléments non présentés une seule fois étaient également donnés et étaient à évaluer de la même manière. On calculait ensuite les moyennes des jugements selon la fréquence d'exposition.

À titre d'exemple, voici les résultats obtenus avec des photographies de visages de personnes inconnues des sujets participant à l'expérience.

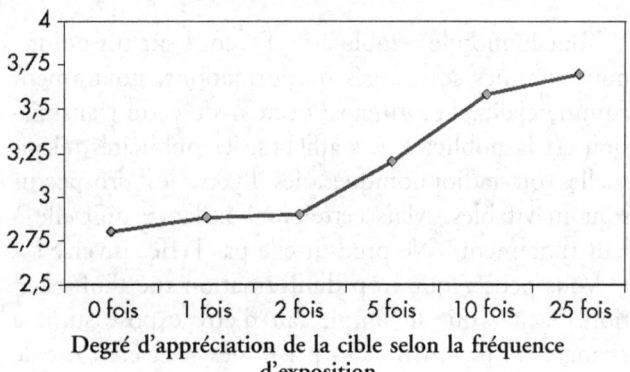

Degré d'appréciation de la cible selon la fréquence d'exposition

La surfréquence d'exposition favorise l'appréciation : plus nous voyons le visage d'un inconnu, plus nous l'apprécions.

En appliquant ce principe de simple exposition, on observe que le comportement de consommation de l'individu peut être immédiatement affecté.

Harris, Bargh et Brownell (2009) ont exposé des enfants à des dessins animés d'une durée de

14 minutes interrompus par deux séquences de publicité, soit pour des produits de type snack ou de petit déjeuner de très faible valeur nutritionnelle (gras, sucrés), soit pour des produits non reliés à la nourriture (jeux, loisirs). Tout en regardant ce film, les enfants avaient à leur disposition, dans une salle aménagée pour l'expérience, un bol contenant des crackers. On a mesuré combien les enfants avaient consommé de ce produit pendant la durée de la vidéo présentée.

Niveau de consommation (en gr) des crackers mis à disposition des enfants

	Publicités nourriture	Autres publicités
Garçons	30,5	19,0
Filles	25,9	20,6

On constate bien que la publicité a activé le besoin de consommer immédiatement. L'étude de ces chercheurs montrera que l'effet a été le même chez les enfants, qu'ils soient petits ou gros consommateurs de télévision, ce qui tend à prouver que la simple exposition suffit à amorcer le comportement de consommation (voir p. 51-52).

Conclusion

L'effet de la fréquence d'exposition sur le jugement, appelé encore effet de simple exposition de Zajonc, révèle que, dans le jugement, l'évaluation n'est pas seulement liée aux propriétés intrinsèques de l'objet. Sa familiarité engendre la préférence. Cet effet a été souligné à de multiples reprises et avec des quantités de stimuli (musique, publicité, packaging…), ce qui démontre l'intérêt stratégique qu'il y a à simplement présenter plusieurs fois la même information.

9

Quand vous avez beaucoup attendu, est-ce meilleur ensuite ?

Sans être nécessairement un impatient chronique, vous pensez peut-être que ce qui n'arrive pas promptement vous énerve et ne peut avoir que des conséquences négatives. Eh bien sachez qu'il faut subtilement contrôler l'attente afin de pouvoir influencer votre comportement et votre jugement. Vous avez attendu pour obtenir ce que vous vouliez, mais, au final, la satisfaction n'en est que plus grande. C'est ce que l'on appelle l'effet strip-tease.

En appliquant ce principe, Sundar et Wagner (1998) ont tenté de voir l'effet que pouvait avoir une publicité apparaissant sur un site Internet selon qu'elle était présentée de façon rapide ou graduelle.

Des personnes se trouvaient seules face à un écran d'ordinateur. Une mesure électrophysiologique était effectuée à l'aide d'électrodes placées sur la main non habile, qui permettait de mesurer la résistance de la peau (indice de l'état dit d'activation ou émotionnel et physiologique d'un individu). Une image numérique apparaissait soit immédiatement à l'écran pendant une durée de 20 secondes, soit progressivement pendant une durée de 18 secondes pour rester 2 secondes supplémentaires. Il s'agissait d'un couple jeune en train de s'embrasser de manière assez érotique, reprenant un extrait d'une publicité pour un parfum. Ensuite, le sujet se retrouvait sur un site de CNN, et on le laissait libre de faire ce qu'il voulait pendant une durée de 3 minutes. Son activité de navigation était enregistrée à son insu. Le niveau d'activation physiologique était mesuré à l'aide des électrodes, et le comportement de navigation à l'aide du nombre de liens activés à l'intérieur du site.

Niveau moyen d'activation et comportement de navigation en fonction du temps de chargement de la première page

	Chargement lent	Chargement immédiat
Niveau d'activation après présentation du premier stimulus (en %)	28,0	8,0
Niveau d'activation pendant la consultation site CNN (en %)	29,0	6,0
Nombre de liens sur lequel le sujet a cliqué	5,35	2,84

Un chargement lent a induit un degré d'activation plus élevé mais également une activité de navigation plus dynamique d'un point de vue comportemental.

Conclusion

Faire patienter un individu en lui fournissant une information peut induire des comportements ultérieurs qui s'expliquent, en partie, non pas par le contenu informationnel mais par la procédure de présentation de cette information. Cela tend à prouver que la façon de présenter une information est aussi importante que le message lui-même. Si, dans l'expérience précédente, l'effet strip-tease a généré un niveau de mobilité à travers le site plus important, c'est vraisemblablement dû au fait que le chargement lent a créé un niveau d'activation optimal favorable à la production de ce comportement.

10

Pourquoi les publicitaires inondent-ils votre boîte aux lettres de dépliants ?

Il est évident aujourd'hui que le cumul des brochures, lettres ou affichettes commerciales de nos boîtes aux lettres atteint plusieurs dizaines de kilos par an. Leur nombre pléthorique pourrait nous faire douter de leur efficacité selon un principe bien connu que trop d'information tue l'information. En réalité, il semble que cette forme de publicité, qui suscite chez nous une certaine contrariété, a encore de beaux jours devant elle, tout simplement parce qu'elle s'avère efficace. N'est-ce pas là l'objectif recherché de la publicité ?

En 1999, Burton et ses collaborateurs ont sollicité les clients de deux magasins d'alimentation pour répondre à un questionnaire concernant ces magasins. Il leur était tout d'abord demandé s'ils avaient regardé le prospectus (8 pages, 4 couleurs sur les promotions et quelques coupons) paru la semaine précédente. Cela permettait de classer les clients en deux groupes : ceux exposés à la publicité et ceux non exposés. On leur demandait ensuite s'ils accepteraient de donner leur ticket de caisse. Enfin, on leur remettait un questionnaire avec une enveloppe timbrée pour le retour afin qu'ils puissent répondre, chez eux, à des échelles d'attitudes portant sur les promotions (recherche spécifique de produits en promotion, utilisation des coupons de réduction…), sur la conscience des prix (« je pense que la recherche des prix bas ne vaut pas le temps et les efforts qu'il faut y consacrer »).

Comportement d'achat selon ou non l'exposition au prospectus

	Clients exposés	Clients non exposés
Nombre de produits du prospectus achetés	2,02	1,02
Montant des dépenses pour les produits du prospectus (en $ US)	1,89	0,83
Nombre de coupons du prospectus remboursés	1,41	0,49

À l'évidence, la brochure a un impact sur les ventes : 1/3 des répondants qui prétendent avoir été exposés au prospectus ont dépensé pour 588 $ et acheté 627 produits vantés dans le prospectus, alors qu'il faut couvrir les deux tiers des personnes non exposées pour atteindre de telles valeurs.

Une analyse complémentaire des données a montré que la sensibilité au prix est le facteur le plus important de l'utilisation de la publicité et que les consommateurs les plus âgés et les femmes sont plus susceptibles de consulter les brochures.

Conclusion

Ces résultats, qui ont été confirmés par Burton et ses collaborateurs dans d'autres magasins, mettent en évidence que les brochures publicitaires, malgré les critiques qu'on peut leur adresser, ont un impact réel sur le comportement d'achat. Selon le principe de simple exposition énoncé précédemment et les résultats que l'on obtient dans ce type de recherches, il est clair que ces brochures, affichettes et lettres promotionnelles ont encore de beaux jours dans nos boîtes aux lettres.

11

Pourquoi vaut-il mieux passer de la publicité après *Love Story* qu'après *Shining* ?

Lorsqu'un film violent passe à la télévision, on sait qu'il remportera des parts de marché importantes, c'est pourquoi le prix des publicités diffusées augmente. On peut toutefois se demander si ce type de film n'a pas d'impact délétère sur la mémorisation en raison de la dureté de certaines scènes ou du suspense qu'il contient. Buschman, dans une série de recherches conduites auprès de plusieurs centaines de personnes, a jeté un pavé dans la mare publicitaire.

Buschman (1998) avait sélectionné un extrait de film violent et un autre non violent. Des évaluations par échelles et des mesures physiologiques (pression artérielle, rythme cardiaque) ont indiqué que les niveaux d'excitation suscités par les deux films étaient absolument identiques. Les séances duraient 15 minutes ; après 5 minutes d'extrait, une publicité était introduite. Après la fin du film, on demandait au spectateur de quoi il se souvenait et surtout s'il se remémorait les noms des produits de la publicité.

Scores de rappel des informations

	Film violent	Film non violent
Rappel nom produit	1,22	1,50
Rappel message pub	6,69	8,61

Pour les deux variables mesurées, une différence statistique est obtenue. Des réplications de cette expérience réalisées en variant le type de film utilisé et en introduisant une tâche de reconnaissance des informations aboutiront aux mêmes résultats : un film violent conduit à un moins bon rappel du message publicitaire, des informations sur les produits et du nom de la marque.

Conclusion

La mémorisation d'une publicité n'est donc pas intimement liée aux propriétés de la publicité mais à l'environnement et aux événements précédant cette exposition. L'expérience présentée ci-dessus prouve que la nature du film affecte les performances de rappel des informations. Outre l'intérêt direct d'une telle connaissance pour les annonceurs, ces résultats soulignent aussi qu'il est intéressant de mener des recherches sur cet environnement et ces événements, car on peut raisonnablement imaginer qu'il peut y avoir un renforcement des performances de rappel sous certaines conditions.

12

Pourquoi la photographie d'une carte de crédit vous donne-t-elle l'illusion d'être plus riche ?

Aujourd'hui, les cartes de crédit font partie intégrante du commerce et de la gestion de son argent. La recherche s'est peu intéressée à l'effet des cartes de crédit comme antécédent au comportement d'achat des personnes. On s'est beaucoup plus focalisé sur les profils des utilisateurs des cartes de crédit et les conséquences économiques que cela suppose. Sur le plan comportemental, les recherches se sont d'abord portées sur l'utilisateur (qui était-il ? quelles étaient ses attitudes à l'égard du crédit ?…), puis sur le comportement induit par les cartes de crédit. Pour autant, si la plupart ont indiqué que les cartes de crédit facilitent l'achat, on ne sait toujours pas si elles sont la cause directe de ces achats. D'après quelques recherches ingénieuses, leur simple référence crée une illusion induisant des évaluations et des comportements spécifiques.

Deux chercheurs américains, McCall et Belmond (1996), ont mis en évidence que la générosité de clients envers un serveur dans un restaurant pouvait être influencée par la référence à une carte de crédit. La soucoupe contenant la note du client portait, ou non, un autocollant représentant une carte de crédit d'une compagnie très connue. On mesurait alors le taux de pourboires que consentaient les clients au personnel de service.

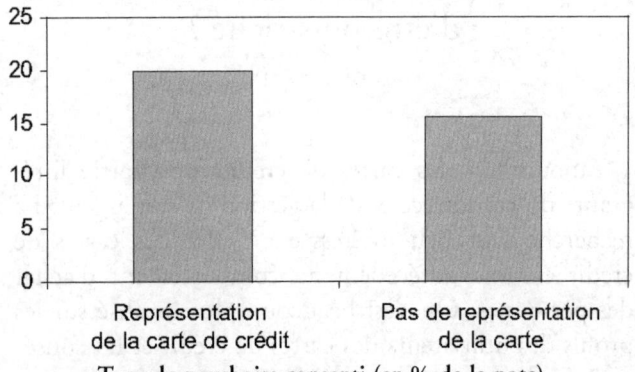

Taux de pourboire consenti (en % de la note)

Le serveur ou la serveuse obtenait un quart de pourboires en plus, lorsqu'une représentation de la carte de crédit figurait sur la soucoupe. Il semble y avoir une réponse conditionnée au stimulus : la représentation de la carte active un sentiment de disponibilité financière plus importante, favorisant ainsi plus de largesses envers le personnel.

Afin de savoir si la représentation d'une carte de crédit peut susciter une mauvaise interprétation de la valeur et une illusion du pouvoir d'achat, Feinberg a conduit une série d'expériences simples, dont les résultats ne finissent pas d'étonner encore à ce jour.

Feinberg (1996) a demandé aux sujets de regarder sept photographies de produits différents provenant d'un catalogue de vente par correspondance, qui était sur une table. En condition expérimentale, un auto-collant représentant une carte de crédit (Mastercard), identique à ceux que l'on trouve dans les magasins, était collé sur la table sur laquelle étaient disposées les photos. Les sujets devaient indiquer le prix qu'ils seraient prêts à mettre pour chaque produit, puis donner leurs principales caractéristiques.

Lorsqu'il y avait une représentation de carte de crédit, les sujets ont attribué un prix plus élevé aux produits et, souvent, ont surestimé ce prix par rapport au prix réellement pratiqué. Une seconde expérience où les produits étaient présentés à l'aide de diapositives a confirmé ces résultats et a mis en évidence que le temps mis par les personnes pour donner le prix qu'elles seraient prêtes à mettre pour ledit produit était statistiquement plus court en condition de présence d'une représentation de carte de crédit.

Dans une autre série d'expériences, un étudiant tra-vaillait dans une salle. S'y trouvait ou non un autocol-lant d'une carte de crédit. Dix minutes plus tard, alors qu'il était seul, un autre étudiant prétextant appartenir à une association caritative connue lui disait que les bénévoles de cette dernière avaient l'intention de faire du porte-à-porte pour obtenir des dons. Il demandait à l'étudiant combien ce dernier pensait qu'il donnerait s'il venait lui-même à être sollicité. En moyenne, les étudiants ont estimé qu'ils donneraient 4,01 $ en pré-sence de la carte de crédit contre 1,66 $ lorsqu'elle était absente.

La présence d'une représentation de carte de crédit affecte la façon dont on peut percevoir la valeur des choses ou les disponibilités financières dont on dispose.

Pour autant, ces expériences portent sur des jugements et non sur des comportements. C'est pourquoi il convient de vérifier l'effet comportemental de la présence d'une représentation d'une carte de crédit. Celle-ci a été réalisée, et les résultats précédents ont été confirmés.

Une réplique de l'expérience sur l'intention de don a été effectuée (Feinberg, 1996). Cette fois, on demandait à la personne de faire un don. On mesurait également le temps mis par cette personne pour fournir sa réponse. L'ensemble des résultats a été synthétisé dans le tableau ci-après.

Dons, montant moyen et latence de la décision

	Carte de crédit	Pas de carte de crédit
Don (en %)	86,7	33,3
Montant du don (en $)	0,36	0,11
Latence de la décision (en secondes)	6,72	12,04

La présence de la représentation de la carte de crédit affecte le comportement : il y a près de 2,5 fois plus de donateurs. Bien entendu, si les dons effectifs ne correspondent pas aux dons envisagés, on voit que ce qui est donné est 3 fois supérieur à ce qui est consenti en l'absence de représentation de la carte.

Conclusion

La carte de crédit, associée aux dépenses, active certains comportements ou cognitions conduisant à vouloir dépenser, à dépenser plus ou à accroître la probabilité de dépenser. Or la conséquence directe de cet effet est la diminution du temps de prise de décision. La présence d'une représentation de carte de crédit semble agir non seulement comme un signal déclencheur de la motivation d'achat et de la perception de son pouvoir de dépense mais aussi comme un stimulus conditionnel. Le paiement par carte de crédit est, en effet, renforcé par des affects généralement positifs, ce qui favorise une recherche de ce plaisir ultérieurement. La présence de la carte permettrait l'obtention de ce renforcement.

IV

MESSAGES ET MOTS D'APPARENCE ANODINE ET COMPORTEMENT D'ACHAT

13

Pourquoi Grand-Mère fait-elle toujours du bon café ?

Vous avez déjà certainement remarqué que certains produits, notamment alimentaires, portent des noms particuliers caractérisant un mode de fabrication particulier (pain « bûcheron »), un lieu typique (paella « valenciana »). Pourtant, les AOC, les origines ou les modes de fabrication n'expliquent pas tout. Ainsi, la tarte façon « grand-mère » ou même « l'orgasme buccal » (lu dans le menu d'une crêperie des Côtes-d'Armor) ne permettent pas de décrire le produit, le terroir ni le savoir-faire de celui qui l'a fabriqué ou façonné.

Il serait ainsi possible que ces labels soient là pour influencer les ventes, en donnant l'illusion que leur nom traduit une qualité, un savoir-faire conférant au produit un intérêt particulier.

Durant 6 semaines, Wansink, Painter et Van Ittersum (2001) ont réalisé l'expérience suivante dans une cafétéria universitaire. Certains produits classiques (plats, desserts, entrées) proposés à tous les repas ont été labellisés de manière différente dans les menus : soit le label était classique, c'est-à-dire uniquement descriptif (poulet au parmesan, poulet grillé, cookie aux courgettes), soit il était « enjolivé » (poulet au parmesan maison, poulet grillé tendre, cookies aux courgettes façon grand-mère). Dans les deux cas, les sujets qui commandaient les plats cibles se voyaient remettre un questionnaire constitué d'échelles permettant de mesurer leur appréciation du plat et du restaurant. On leur demandait également d'évaluer le prix qu'ils estimaient devoir payer pour chaque produit et d'estimer la probabilité de reprendre ce plat ultérieurement. Bien entendu, pendant ces 6 semaines, les ventes de ces produits cibles ont été comptabilisées selon le type de label.

Comportement de consommation et évaluation selon le label des produits

	Label « classique »	Label « enjolivé »
Augmentation ventes	0 %	+ 27 %
Attitudes produits (> : attitude plus positive)	6,3	7,00
Attitudes restaurant (> : attitude plus positive)	5,3	6,2
Intention de recommander ce plat ultérieurement (> : + forte intention)	5,9	7,1
Estimation prix à payer (en US)	3,08	3,30

Dans tous les cas, une différence statistique a été obtenue. Comme on peut le voir, le label « enjolivé » a conduit à une augmentation importante des choix de ces produits mais également à une évaluation plus positive de ces produits. Apparemment, les clients seraient prêts à payer plus pour ce produit.

Conclusion

La singularité sémantique conduit à rendre un même produit plus attrayant. Plus que le produit, c'est le nom qu'il porte qui paraît déterminer l'intérêt qu'on lui confère.

On mesure tout l'intérêt pratique de ce type de label, et ce d'autant que plusieurs peuvent être utilisés : géographiques (tartes de Venise), affectifs (soupe de poisson du père Albert), sensoriel (sorbet psychédélique), de marque (sauce Chivas). Mamy Nova n'est pas près de partir à la retraite…

14

Êtes-vous sûr d'avoir fait une bonne affaire ?

Pour avoir l'impression que nous faisons une bonne affaire, il n'y a pas beaucoup de solutions : il convient de faire une bonne affaire ou d'avoir l'impression d'en faire une. Cette impression étant très subjective, il est possible de nous donner l'illusion qu'une offre qui nous est faite est plus avantageuse qu'elle ne l'est en réalité. Or, par l'emploi d'une mise en contraste d'un propos ou d'une offre, on peut parvenir à cet état. Burger a appelé cette technique de décomposition d'une offre la technique du « et ce n'est pas tout ! ».

Pour son expérimentation, Burger (1986) avait choisi pour cadre une fête d'un campus universitaire. Deux vendeurs y tenaient un stand proposant des gâteaux dont les prix n'étaient pas affichés. Différents gâteaux étaient présentés sur une table. Lorsqu'une personne venait au stand, elle se retrouvait placée dans l'une des deux conditions expérimentales prévues. En condition de « et ce n'est pas tout ! », le premier vendeur disait que chaque gâteau coûtait 75 cents. Immédiatement après, le second vendeur sollicitait le premier sous un prétexte quelconque, qui priait son client de patienter une seconde. Après 2 ou 3 secondes de conversation avec le second vendeur, le premier s'adressait à nouveau au client et l'informait que ce prix comprenait aussi deux cookies. Il lui montrait alors les gâteaux qui étaient conditionnés dans une boîte à part. En condition contrôle, lorsque le client demandait le prix des gâteaux, le vendeur disait qu'ils étaient vendus sous forme de lot avec deux cookies et que le tout coûtait 75 cents. Les résultats sont présentés dans le graphique ci-après. Bien entendu, il s'agissait ici d'un comportement effectif, puisque c'est l'acte d'achat du lot qui constituait la variable mesurée.

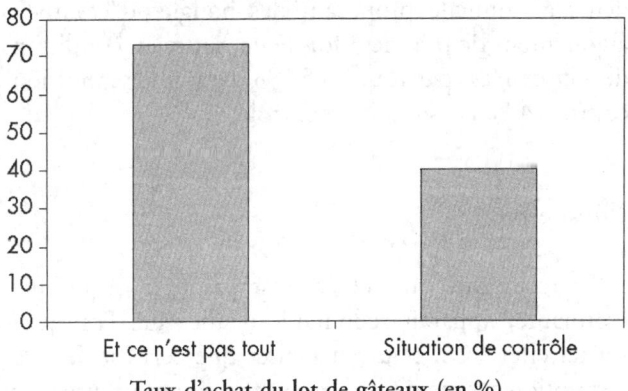

Taux d'achat du lot de gâteaux (en %)

Un effet positif de la décomposition de l'offre est obtenu. Cette efficacité de la technique n'est pas liée bien évidemment à l'adjonction de la mention « et ce n'est pas tout ! » qui donne son nom à cette technique.

Dans une seconde expérience, Burger (1986) montrera le même effet lorsqu'une réduction est proposée. En condition de « et ce n'est pas tout ! », le premier compère disait que le gâteau coûtait 1 $, puis, après sa conversation avec le second vendeur, ajoutait que comme ils s'apprêtaient à fermer, ils allaient commencer à vendre à 75 cents. En condition contrôle, on donnait directement le prix de 75 cents. 44 % des sujets ont acheté en condition contrôle contre 73 % en condition de « et ce n'est pas tout ! ». Il semble que c'est bien la décomposition par étapes de la chaîne d'information qui produit l'effet de la technique. En outre, elle s'avère transposable à un contexte de vente plus forcée. Burger a, en effet, montré que des vendeurs à domicile proposant des bougies décoratives augmentent de près de 3 fois leurs ventes en condition de « et ce n'est pas tout » : 57 % dans cette condition contre 14 % en situation contrôle.

Conclusion

La technique du « et ce n'est pas tout », quoique étonnante, apparaît redoutable d'efficacité. Pourquoi un tel effet ? On pourrait penser que cela est lié à la perception accrue d'une bonne affaire dans un premier temps. Il semble que non, puisque Burger a mis en évidence que, si le vendeur mentionne cette bonne affaire (« le gâteau coûte 75 cents maintenant, mais tout à l'heure il était à 1 $ »), cela ne conduit pas à plus de ventes qu'en condition contrôle. Selon Burger, la décomposition par étapes de l'information condui-rait à activer ce qu'il appelle un « effet de concession ». Par effet de réciprocité, le sujet serait conduit à faire un geste à son tour, donc à acquérir le produit. Dans une autre expérience induisant encore plus ce senti-ment de concession (en faisant croire que le vendeur lui fait « personnellement » une remise), Burger a mis en évidence que la technique du « et ce n'est pas tout ! » s'avère effectivement encore plus efficace.

15

Pourquoi acceptez-vous certaines choses, alors que vous avez le sentiment que vous pouvez les refuser ?

Nous verrons dans la troisième partie qu'il existe un nombre important de techniques d'influence du comportement qui reposent sur ce que l'on appelle la théorie de l'engagement. Or, on sait que ces techniques ont en commun qu'elles s'appuient sur le libre arbitre de l'individu. Celui-ci a toujours la liberté d'accepter ou de refuser de faire quelque chose, et ce sentiment de liberté est l'une des conditions indispensables à la réussite de ces techniques. Le mot « liberté » désigne quelque chose qui nous est cher, et certains chercheurs ont pensé que sa simple évocation sémantique, formalisée oralement ou par écrit, pouvait suffire pour inciter des individus à produire tel ou tel comportement. Le simple fait de dire à quelqu'un qu'il est libre le conduirait à faire ce que l'on voudrait qu'il fasse.

Dans une série d'expériences menées par Pascual et Guéguen (2002), des personnes étaient sollicitées afin de faire des dons en argent. Un expérimentateur sollicitait des individus dans la rue en leur demandant un peu d'argent pour acheter un ticket de bus. En condition « Vous êtes libre de... », le sujet était sollicité de la manière suivante : « Vous êtes libre d'accepter ou de refuser, mais auriez-vous quelques pièces pour prendre le bus s'il vous plaît ? » En condition contrôle, on se contentait de dire : « Auriez-vous quelques pièces pour prendre le bus s'il vous plaît ? » On mesurait alors le nombre de personnes qui consentaient à donner, ainsi que le montant moyen des dons consentis.

	Condition contrôle	Condition « Vous êtes libre de... »
Taux de donateurs (en %)	10 %	40 %
Moyenne de dons (en €)	0,49	0,91

Non seulement la référence à la liberté a incité plus de gens à donner, mais ceux qui donnaient se montraient plus généreux.

Ces résultats ont été confirmés par d'autres recherches où il était démontré que l'évocation sémantique de la liberté prédispose plus favorablement les personnes à accepter ce que l'on attend d'elles. Il est à noter également que l'effet de la technique diminue si l'on suggère un montant à la personne. En procédant ainsi, on diminue le sentiment de liberté ressenti par l'individu, ce qui le pousse à moins donner.

Application commerciale

Une réplication de cette expérience a été réalisée récemment (Guéguen, soumis). Un téléopérateur, ou une téléopératrice, contactait des prospects et se faisait confirmer l'identité de la personne. Puis, il déclarait à la personne que sa société confectionnait des surgelés pour la famille qui étaient livrés à domicile et que, justement, un livreur passait dans son quartier en soirée. En condition contrôle, l'opérateur demandait à la personne si elle acceptait que le livreur vienne déposer la brochure présentant les produits, tandis qu'en condition expérimentale, il disait : « Bien entendu, vous êtes libre d'accepter ou de refuser, mais, accepteriez-vous que le livreur passe chez vous déposer la brochure des produits ? » En condition contrôle, 13,2 % des prospects sollicités ont accepté contre 22,8 % en condition d'évocation sémantique de la liberté.

Libre sur Internet

Comme il est difficile sur Internet de manipuler des variables sociales, on peut, en revanche, recourir à la persuasion pour inciter les internautes à produire certains comportements. L'utilisation d'un message activant ce sentiment de liberté est aisée à manipuler.

Une recherche destinée à vérifier le poids de ce message sur Internet a été menée afin d'inciter des personnes à visiter un site Internet d'une organisation humanitaire (Guéguen, Pascual, Jacob et Morineau, 2002).

Neuf cents hommes et femmes, pris au hasard à partir de listes d'adresses e-mail obtenues sur Internet, ont été sollicités par mail. Ce message contenait le texte suivant « Donnez 5 minutes de votre temps à l'enfance victime des mines en cliquant sur... ». Sous ce texte, figurait une page HTML contenant un bouton de 1 × 7 cm où était inscrit un message spécifique pour chaque groupe : « Nouveau » pour le premier, « Cliquez ici » pour le deuxième et « Vous êtes libre de cliquer ici » pour le troisième. Un lien hypertexte était associé au bouton et activait l'affichage du site conçu pour l'occasion. Ce site était composé d'une seule page, et sa seconde partie invitait les personnes à signer une pétition contre les mines. Elles devaient préciser leurs nom, prénom et adresse électronique sur un formulaire comprenant ces 3 champs de saisie. Un bouton d'envoi de la signature permettait de concrétiser cette volonté. On mesurait le nombre d'Internautes qui, dans chaque condition, se rendaient sur le site et signaient la pétition.

Il semble que la référence à la liberté influence le comportement de l'internaute : il y a eu plus de visiteurs et plus de signataires de la pétition, lorsque la liberté d'agir de la personne avait été évoquée.

Variable mesurée	Message sur le bouton		
	Nouveau	Cliquez ici	Vous êtes libre de cliquer ici
Taux de visite du site (en %)	52,7	65,3	82,0
Taux de signataires de la pétition (en %)	4,0	5,7	7,3

Conclusion

Le mot « liberté » renferme une puissance d'influence réelle sur le comportement des personnes. Un tel pouvoir sémantique ne nous étonne pas au regard des théories actuelles sur l'influence d'autrui. On sait, en effet, que le sentiment de liberté est une condition indispensable pour qu'un individu produise spontanément un comportement. Ce préalable à l'action est si profondément ancré en nous que sa simple évocation suffit à produire son activation. L'effet est d'autant plus paradoxal que le solliciteur, en évoquant cette liberté, éprouve lui-même le sentiment qu'il contrôle moins la personne auprès de qui il effectue cette sollicitation.

Bien entendu, un tel effet sémantique ouvre la porte à d'autres recherches, car le sentiment de liberté peut utiliser bien d'autres mots ou séquences de mots. Les « je ne veux pas vous forcer », « vous faites comme vous voulez » et autres « c'est vous qui voyez », « je vous laisse libre de... » sont autant de références sémantiques à la liberté de décision d'une personne. D'ailleurs, un examen de la plupart des messages publicitaires, des pages Internet commerciales vous convaincront que cette évocation est très souvent présente.

16

Pourquoi ce qui est rare est-il si cher ?

Ce qui est rare est cher, entend-on souvent dire. Ce phénomène s'observe souvent pour des produits pour lesquels une demande existe selon la loi mécanique de l'offre et de la demande. Toutefois, cela n'exclut pas l'effet psychologique que produit la rareté, ni son impact sur le comportement de l'être humain. Or, en connaissant ce mécanisme, on peut l'exploiter de façon à favoriser l'intérêt d'une personne pour un produit quelconque.

Ce qui est rare est bon

Indépendamment des propriétés intrinsèques d'un produit, sa rareté ou son abondance affecte-t-elle son évaluation ? Des travaux expérimentaux semblent montrer que cela est bien le cas.

Worchel et ses collaborateurs (1975) ont demandé à des jeunes femmes de goûter des biscuits au chocolat. La candidate était invitée par un expérimentateur à s'installer autour d'une table où se trouvait une boîte contenant soit 10 biscuits, soit 2 biscuits. Puis, un second expérimentateur rentrait et disait que son sujet à lui avait mangé, selon les cas, beaucoup ou peu de biscuits. L'autre expérimentateur proposait alors d'échanger les boîtes, et la candidate voyait sa boîte passer de 10 à 2 biscuits (raréfaction) ou de 2 à 10 (abondance). On la priait alors de goûter les biscuits et de donner son évaluation. Elle devait estimer à quel point elle appréciait le biscuit, ce qu'elle ferait si elle avait l'opportunité d'en avoir d'autres et enfin le coût de ces biscuits.

Les résultats ont indiqué que lorsque le produit était devenu rare, les personnes interrogées ont estimé qu'il était plus tentant et de meilleure qualité que lorsqu'il était devenu abondant (évaluation près de 3 fois plus élogieuse). En outre, le prix estimé du produit a été plus élevé (2 fois plus), lorsqu'il est devenu rare que lorsqu'il est devenu abondant.

Avec un simple biscuit et une simulation simple de sa disponibilité, on obtient des variations extrêmement fortes dans les évaluations. Que dire alors d'un produit dont on sait que, naturellement, il est peu disponible. Encore une fois, les évaluations ne sont absolument pas indépendantes des attributions et des informations annexes à l'objet à juger.

Ce qui va devenir rare ou inaccessible est bon

Une autre façon de manipuler la rareté est de travailler sur le délai de disponibilité de l'objet. Un tel fonctionnement est typique dans la vente aux enchères à temps limité. Les enchères montent et s'accélèrent au fur et à mesure que l'on s'approche de l'échéance. Ici aussi, le message a son importance.

Aggarwal et Vaidyanathan (2003) ont tenté de mesurer l'efficacité comparée de différentes techniques d'accélération de l'acte de d'achat : coupons fabricant valables pendant une année, coupons magasin d'une durée plus limitée, messages incitatifs limitant le pouvoir d'acheter dans le temps (à vendre le jeudi 10 mai, à vendre pendant seulement dix heures).

Ce sont les messages qui restreignent l'offre dans le temps qui ont le plus fort impact. La manipulation sémantique du temps de disponibilité est le message qui affecte le plus le consommateur.

Applications commerciales

« Mille unités disponibles dans toute la France » : ce message m'a un jour conduit dans un magasin situé à 70 kilomètres de mon domicile. Évidemment, en y arrivant, il était déjà trop tard : « Désolé, monsieur, tout est parti dès ce matin. » J'étais toutefois dans ce magasin qui offrait d'autres bonnes affaires. Je ne suis donc pas rentré les mains vides. Quelques mois plus tard, au moment où mes loisirs me laissaient réellement le temps de réaliser mes travaux, je trouvais un produit comparable, dans une gamme de prix similaire, à… 2 kilomètres de chez moi. Quoique anecdotique, cette aventure vous est peut-être arrivée. Une information de rareté vous a conduit à produire un comportement non attendu. Elle illustre, en tout cas, que ce travail sur la formation d'une impression de rareté est bien manipulé par les vendeurs.

Cialdini (2004) relate l'expérience réalisée par l'un de ses étudiants, également chef d'une entreprise spécialisée dans la vente de viande en gros et demi-gros pour des chaînes de supermarché. Habituellement, la vente s'effectuait par téléphone (état du stock/proposition nouvelle/vente). On a procédé de la sorte avec un premier groupe. Avec un deuxième groupe, on procédait aussi de la même manière, mais le vendeur indiquait que, dans les mois à venir, l'offre de viande de bœuf importé allait se réduire. Auprès d'un troisième groupe, on procédait de la même façon qu'avec le deuxième groupe, mais on faisait croire que l'information était confidentielle et que, seule, la société qui était au bout du fil la possédait.

Les résultats ont révélé qu'il y a eu plus de ventes pour les deuxième et troisième groupes par rapport au premier groupe où aucune information concernant la pénurie n'était donnée. Toutefois, les ventes ont été d'autant plus importantes dans le troisième groupe. Dans ce cas, c'est non seulement le produit qui devenait rare, mais aussi l'information stratégique permettant de connaître la disponibilité du produit. Cette double rareté a dopé les ventes.

Pression temporelle

Une autre manière de pousser les individus à l'acte d'achat est d'activer le sentiment qu'une bonne affaire ne va pas durer : c'est ce que l'on appelle la rareté temporelle.

Brannon et Brock (2001) ont fait croire à des clients d'un service de restauration qu'une bonne affaire ne durait qu'un laps de temps très court. Plusieurs centaines de clients d'un drive-in, après avoir commandé un plat, se voyaient proposer par le personnel chargé de la prise de commande un même dessert. Toutefois, l'argumentaire de proposition se faisait de deux façons différentes. Dans tous les cas, on disait que cela allait bien avec leur plat mais, pour la moitié des clients, on disait qu'il était vendu en promotion toute l'année tandis que, pour l'autre moitié des clients, on disait qu'il était en promotion uniquement aujourd'hui. Les taux d'achat furent alors les suivants :

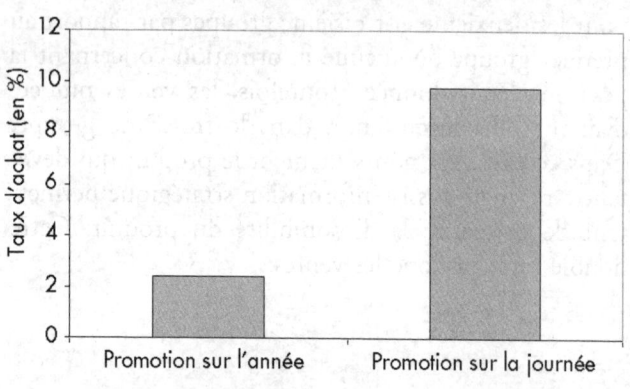

Taux d'achat selon les conditions (en %)

On observe près de 4 fois plus d'acheteurs lorsque la promotion est de très courte durée. Le caractère fugitif de la promotion prédispose donc plus favorablement à choisir le produit conseillé.

Plus près du but

Une autre façon de créer de la pression temporelle à consommer est de faire croire au consommateur qu'il est plus proche d'un objectif qui lui serait favorable.

Nunes et Drèze (2006) ont proposé à des clients d'une station de lavage deux types de cartes de fidélité qui permettaient, au bout de 8 lavages, d'avoir un lavage gratuit. Dans un premier cas, la carte contenait 8 cases cochées à chacun des lavages. Une fois celle-ci complétée et rendue, le client se voyait offrir un lavage gratuit. Dans une seconde condition, la carte contenait 10 cases mais lors du premier lavage, on indiquait

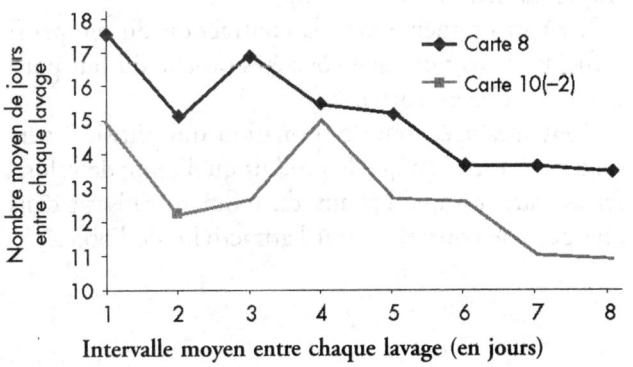

Intervalle moyen entre chaque lavage (en jours)

à la personne que dans le cadre d'une promotion spéciale on validait les 2 premières cases et celles-ci étaient alors cochées. On mesurait alors le nombre de jours entre chaque lavage jusqu'au remplissage complet de la carte de fidélité.

On peut voir, et cela dès le début, que les clients ayant eu la carte à 10 cases, mais avec 2 cases cochées dès le début, reviennent plus fréquemment comme s'ils étaient poussés à terminer plus rapidement cette carte. Pourtant, objectivement, le nombre de lavages à faire avant d'obtenir le lavage gratuit est le même.

Conclusion

Il n'est pas nécessaire qu'un produit soit rare pour qu'il devienne plus attrayant, qu'il prenne plus de valeur ou qu'il soit plus acheté. Il suffit de le faire croire, et, apparemment, quelques mots habilement employés peuvent y parvenir.

Il en va de même avec la contraction du temps. Il suffit de faire croire que vous êtes proche du but pour que cela accélère l'achat.

Tout message, toute information qui réussit à persuader un individu que le produit qu'il tente de valoriser est rare, ou que l'affaire du moment s'inscrit dans une période courte, accroît l'attractivité de l'objet.

17

Pourquoi faut-il demander à quelqu'un qu'on rencontre : « Comment ça va aujourd'hui ? »

Dans nos relations sociales, nous disposons d'un nombre important de phrases « rituelles » : « Comment ça va ? », « Alors ? La forme ? »…, qui d'ailleurs entraînent des réponses tout aussi rituelles : « Ça va bien », « Ouais la forme »… On pense toujours que, à cause de leur banalité, elles n'exercent pas d'effet d'influence. « Bien au contraire », rétorqueront certains chercheurs. D'une part, ce rituel est souvent normatif, et ne pas le respecter provoquerait une perception négative du transgresseur. D'autre part, ces phrases rituelles servent souvent à initier une relation sociale, car il n'est pas facile d'entamer une conversation avec autrui sans passer par elles.

Pour les spécialistes de l'influence sociale, ces phrases du rituel d'initiation d'une relation sociale auraient des propriétés d'engagement comportemental (voir partie 3) et d'induction d'un état cognitif prédisposant à l'accomplissement ultérieur d'un comportement. Ainsi, si l'on considère que la réponse à la question « comment vous sentez-vous ? » est un rituel de réponse consacré conduisant à répondre favorablement « je vais bien », « ça va », on peut y voir une pression à être en phase avec cette réponse, c'est-à-dire que l'on est obligé d'adopter les comportements en lien avec cette réponse.

Cette pression serait donc un facteur d'influence qu'un chercheur en psychologie sociale a appelé la technique du pied-dans-la-bouche (Howard, 1990).

L'expérience mise au point par Howard (1990) impliquait des personnes prises au hasard dans le répertoire téléphonique d'une ville et se déroulait par téléphone. L'expérimentateur se présentait comme quelqu'un appartenant à une association de lutte contre la faim. Il demandait ensuite au sujet s'il était intéressé par l'achat de cookies qu'un membre de l'association allait venir vendre dans son quartier au profit de l'association. L'expérimentateur ajoutait que si la personne était intéressée, la livraison pouvait se faire à son domicile. En condition de pied-dans-la-bouche, cette formulation de la requête était précédée par une demande sur l'état de la personne. En effet, après que celle-ci avait décroché, l'expérimentateur lui disait : « Bonsoir madame/monsieur, comment vous sentez-vous ce soir ? » Si la personne répondait positivement, l'expérimentateur ajoutait qu'il « était heureux de l'apprendre ». Si elle répondait négativement, l'expérimentateur disait qu'il « était désolé de l'apprendre ». À la suite de cela, la même formulation que celle utilisée pour le groupe contrôle était employée : l'expérimentateur se présentait et expliquait l'action de son association.

Le fait de demander comment quelqu'un se porte avant de formuler une requête pour une bonne cause accroît la probabilité que la personne accepte cette requête. Le fait de répondre que l'on se sent bien conduit le sujet à se « montrer digne » de ses paroles, donc à accepter plus favorablement la requête.

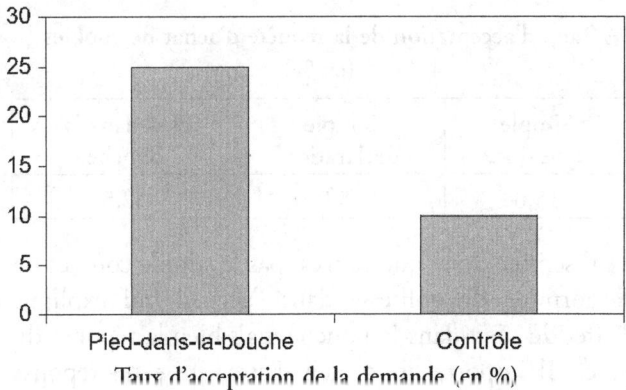

Taux d'acceptation de la demande (en %)

Bien entendu, cette expérience n'était que la première, et certaines incertitudes ou interprétations complémentaires pouvaient être envisagées pour expliquer les résultats. Ainsi, il est possible que la demande initiale « Comment vous portez-vous ? » ait amené la personne sollicitée à percevoir plus favorablement le demandeur. C'est pourquoi Howard a réalisé une seconde expérimentation, où il a fait varier quelque peu les conditions.

Howard procédait comme précédemment en condition de pied-dans-la-bouche, mais introduisait deux autres conditions. Dans la première, dite « simple question », l'expérimentateur demandait à la personne comment elle allait, mais n'attendait pas la réponse pour formuler sa requête d'achat de cookies. Dans la seconde, dite « simple déclaration », l'expérimentateur disait qu'il « espérait que la personne allait bien ce soir », puis formulait sa demande comme précédemment.

Taux d'acceptation de la requête d'achat de cookies (en %)

Simple question	Simple déclaration	Pied-dans-la-bouche
15,0	15,0	32,5

Il semble donc que ce n'est pas le simple contact ou la formule de politesse dans l'accueil qui explique l'effet du pied-dans-la-bouche mais bien la réponse du sujet. Il importe donc bien d'attendre cette réponse pour que l'effet comportemental attendu puisse se réaliser.

Il existe une foule de rituels de présentation qui pourraient ainsi être utilisés dans les amorçages inter-relationnels.

Meineri et Guéguen (2011) ont ainsi testé l'effet de la phrase classiques : « J'espère que je ne vous dérange pas » dans le cadre d'une enquête par téléphone au profit d'un journal régional. Des télé-enquêteurs téléphonaient à des personnes prises au hasard dans un annuaire afin de leur proposer de participer à cette enquête. Dans une première condition, le téléopérateur se présentait puis disait qu'il espérait qu'il ne dérangeait pas puis attendait la réponse. Quelle que soit cette dernière, le téléopérateur proposait alors la participation à l'enquête. En condition 2, le téléopérateur procédait de manière identique mais n'attendait pas la réponse de la personne. Enfin, en condition contrôle, cette phrase rituelle n'était pas énoncée. Les résultats montreront qu'en condition 1, 25,2 % des personnes ont consenti à la requête contre 19,0 % en condition 2 et 17,3 % en condition contrôle.

Conclusion

Les rituels d'initiation d'une interaction sociale ne sont donc pas aussi anodins que l'on pourrait le penser, et l'effet de la technique du pied-dans-la-bouche, qui a été observé à de nombreuses reprises (Aune et Basil, 1994 ; Dolinski, Nawrat et Rudak, 2001 ; Fointiat, 2000), atteste de la force de ces rituels. Leur respect et la recherche sur l'efficacité d'autres normes rituelles d'interactions pourraient être favorables au vendeur. Il en va de même des comportements rituels. Par exemple, une étude récente que nous avons menée met en évidence que des solliciteurs en porte-à-porte sont plus favorablement invités à entrer, s'ils essuient leurs chaussures sur le paillasson, au moment où ils demandent à entrer pour présenter leur requête (Guéguen, soumis). Se conformer aux rituels est un facteur clé du bon démarrage d'une relation sociale, donc un préalable également au bon démarrage d'une relation commerciale.

DEUXIÈME PARTIE

Sens et comportement du consommateur : la psychologie de l'ambiance

L'*atmospheric*, terme anglais que l'on pourrait traduire par ambiance sensorielle, est un thème récent du marketing et de la psychologie appliquée. L'idée générale des travaux sur ce thème provient finalement d'une idée simple selon laquelle, en flattant agréablement les sens, on parvient à créer des états psychologiques positifs chez les personnes, notamment chez les consommateurs, ce qui aurait pour conséquence d'induire des comportements particuliers. Ainsi, le bons sens nous fait dire que des couleurs agréables, une musique plaisante, dynamique, pas trop forte… sont nécessaires pour créer cette ambiance positive et ainsi affecter le comportement d'achat des personnes.

Si, en tant que chercheur, je ne conteste pas le bien-fondé de ces suggestions pleines de bon sens, je sais aussi que la réalité comportementale n'est jamais aussi simple. Si l'on désire réellement affecter le comportement des consommateurs par le truchement d'ambiances sensorielles, il faut souvent pousser l'investigation scientifique assez loin et de manière assez subtile. Une musique plus forte peut avoir des effets positifs sur la consommation, une lumière forte également, le choix de telle ou telle couleur peut dépendre... de la température extérieure. En matière de sens, les choses sont loin d'être simples, et les recettes faciles n'existent pas. Encore une fois, il n'y a que la multiplication de travaux expérimentaux, en situation réelle, qui peut aider à fournir des conseils pertinents pour concevoir ces fameuses ambiances sensorielles...

Le chapitre V présente de nombreuses recherches sur la musique et les ambiances sonores. Paradoxalement, si la musique est diffusée depuis longtemps dans de nombreux lieux de vente, les évaluations réelles de son impact sur le comportement du consommateur sont récentes. Les différentes caractéristiques de la musique (style, tempo, volume...) se répercutent de manière significative sur le comportement du consommateur, ses évaluations d'un lieu d'achat et, bien sûr, sa consommation.

Le chapitre VI traite de l'odorat, sens important s'il en est, puisque en être privé constitue un très lourd handicap. Le marketing scientifique s'y intéresse depuis une quinzaine d'années à peine, les sciences du comportement depuis peu. Néanmoins, les premiers résultats des études sur l'effet des odeurs sur le comportement du consommateur laissent augurer de belles perspectives. L'odorat fait aujourd'hui l'objet de recherches fécondes intégrant les spécialistes de la cognition, du comportement et des neurosciences.

Contrairement aux odeurs, la recherche sur les couleurs en sciences du comportement et en psychologie est plus ancienne, puisque les premiers travaux datent du début du XXe siècle. Abandonnée pendant un temps, elle est revenue sur le devant de la scène depuis les années 1990. Si l'on imagine bien que les ambiances peuvent provoquer des effets, on conçoit encore mal que les couleurs ou la lumière soient capables d'avoir des répercussions sur le comportement du consommateur au point où la réussite ou l'échec d'un produit ou d'un lieu commercial puisse en dépendre. Le chapitre VII tente de démontrer que ces petits détails ne sont pas des quantités négligeables.

V

LIEUX DE VENTE ET MUSIQUES D'AMBIANCE

18

Pourquoi écouter de la musique forte pousse-t-il à boire plus ?

Chacun d'entre nous s'est déjà rendu dans un magasin, un bar, un restaurant où une musique agréable était diffusée. Avez-vous remarqué l'ambiance sonore champêtre de certains magasins de produits naturels et même le bruit du ressac et de la mer au rayon poissonnerie d'une grande enseigne ? Facile à manipuler, puisqu'il suffit souvent de tourner un simple bouton, le volume a été peu étudié en psychologie du consommateur. Pourtant, nous allons voir que la musique, selon le volume, peut générer des comportements de consommation différents, mais aussi servir à réduire ou augmenter le volume sonore de certains lieux commerciaux.

Discret ou tonitruant, le volume de diffusion d'une musique est certainement la chose la plus aisée à manipuler. Dans certains lieux, le volume est d'ailleurs poussé à un niveau censé traduire une certaine ambiance et même, parfois, un concept (musique techno dans des bars ou boîtes branchés). Dans d'autres, le caractère à peine suggéré de la musique par un faible volume est là pour exprimer une autre ambiance, refléter un autre lieu. Quelques recherches récentes indiquent que le volume semble avoir un impact sur le comportement du consommateur, mais que le choix de tel ou tel niveau dépend de bien des conditions.

Guéguen, Le Guellec et Jacob (2004) ont réalisé une expérience dans des bars où l'on faisait varier le niveau sonore de la musique. Comme elle a été conduite sur plusieurs semaines, certains effets ont pu être contrôlés. Aussi, les évaluations avaient lieu uniquement le samedi, en soirée, dans des bars plutôt fréquentés par des jeunes gens (18-25 ans). Le même style de musique (des CD enregistrés) était diffusé dans les bars à 72 décibels (moyen) ou 88 décibels (élevé). Le niveau qualifié de moyen correspondait à celui mesuré habituellement dans la salle. Ces valeurs étaient élevées, mais les bars où s'est déroulée cette expérience étaient plutôt bien remplis et bruyants, voire, parfois, chahuteurs. De discrets observateurs assis à des tables en salle avaient pour mission d'observer le comportement des clients également assis à des tables. Ceux-ci étaient observés du moment où ils pénétraient dans l'endroit jusqu'à leur départ. On notait le nombre de verres qu'ils commandaient pendant cette période.

Une musique avec un volume plus élevé que le volume habituel induit une augmentation de la consommation. Le même effet a été obtenu auprès des hommes et des femmes. Vraisemblablement, dans un

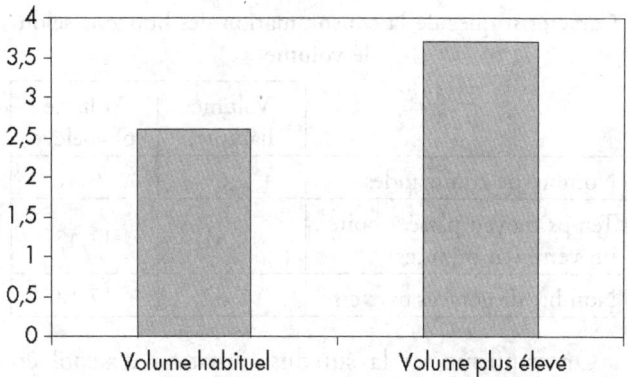

Nombre moyen de boissons consommées selon le volume

tel contexte, il est possible que la musique au volume élevé produise ce que l'on appelle un effet de suractivation, physiologique et psychologique, qui incite les gens à consommer davantage.

Cette hypothèse a été confirmée dans une recherche ultérieure par Guéguen, Jacob, Le Guellec, Morineau et Lourel (2008).

Une réplique exacte de l'expérience précédente a été faite mais, cette fois, on mesurait uniquement le comportement de clients ayant consommé un demi de bière. Outre la consommation, le temps passé à boire chaque verre et le nombre de gorgées faisaient l'objet d'une mesure.

Caractéristiques de la consommation des boissons selon le volume

	Volume habituel	Volume plus élevé
Nombre de commandes	2,6	3,4
Temps moyen passé à boire un verre (en minutes)	14,51	11,45
Nombre de gorgées par verre	7,02	7,18

On confirme ici la surconsommation d'alcool en condition de volume plus élevé. Cependant, on observe que le temps passé est statistiquement différent selon les conditions mais que le nombre de gorgées par verre ne l'est pas. Cela voudrait donc dire que les clients n'absorbent pas plus de bière à chaque gorgée mais que l'intervalle temporel entre deux gorgées diminue, ce qui fait que le verre est vidé plus rapidement et ce qui incite ensuite le client à recommander plus vite. De tels résultats iraient bien dans le sens d'un effet de suractivation : l'individu va plus vite en condition de volume plus élevé pour accomplir un comportement de consommation habituel.

Conclusion

Dans un certain contexte, la musique diffusée avec un volume élevé conduit à une augmentation de la consommation dans certaines circonstances. Il est à noter que si cette expérience a souligné un effet positif du volume élevé sur le comportement d'achat, ce n'est pas toujours le cas. Le contexte a son importance. Dans la première recherche sur cette caractéristique menée il y a maintenant fort longtemps, Cain-Smith et Curnow (1966) n'ont pas mis en évidence qu'une musique à niveau plus élevé diffusée dans un magasin incitait les gens à acheter davantage ; ils ont remarqué que le temps passé dans le magasin était moins long en condition de volume plus élevé. De la même manière, Lammers (2003), dans un restaurant plutôt calme sur un front de mer, a observé qu'une musique diffusée à un niveau bas aboutissait à une addition moyenne de 21,63 $ contre 18,57 $, lorsque celle-ci était plus forte. Là aussi, le contexte dans lequel la musique est diffusée et les caractéristiques des personnes qui se trouvent dans ce lieu semblent avoir une importance capitale. Le tout est de rechercher le volume qui soit le plus en adéquation avec le lieu.

19

La musique adoucit-elle les mœurs ?

Le bruit serait la principale cause de désagrément dans nos sociétés modernes. Des campagnes de lutte et de prévention du bruit sont régulièrement organisées et sont même intégrées dans le programme de certains hommes politiques. Dans de multiples lieux commerciaux, on a démontré que le bruit a un impact très négatif sur les clients. Or, s'il est facile pour un responsable de lieu fréquenté par le public de ne pas mettre la musique à un niveau trop élevé ou d'atténuer des bruits indésirables de machines par exemple, la tâche se complique quand le bruit émane des personnes. Pourtant, il peut être grandement intéressant de diminuer ce bruit ambiant détestable qui, d'ailleurs, se répercute de façon négative sur le personnel et peut conduire les clients à partir plus rapidement, donc à moins consommer.

La recherche menée par Doss (1995) a tenté d'en savoir un peu plus sur ce potentiel de la musique à augmenter ou réduire le bruit émis par les clients. À différents moments prédéfinis, une musique d'ambiance était diffusée dans la cafétéria d'un campus d'une université américaine. Trois styles différents étaient utilisés (classique, country et hard rock), mais toujours avec le même volume (contrôlé par décibel-mètre). Chaque extrait durait 30 minutes. Après 10 minutes de diffusion, une mesure du volume sonore des conversations tenues dans la cafétéria avait lieu à partir du centre de la pièce.

Toutes les conditions sont statistiquement différentes entre elles. La musique classique, puis la musique country conduisent à diminuer le volume sonore des conversations comparativement au hard rock. Pourtant, rappelons-le, le volume de diffusion était toujours le même. C'est donc bien le type de musique qui influence le niveau de conversation des personnes.

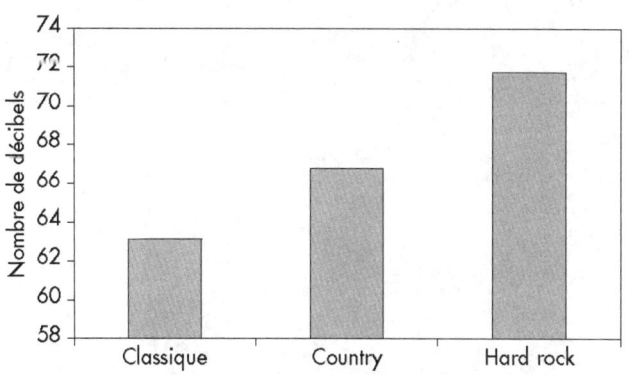

**Volume moyen des conversations
selon le type de musique diffusée**

Conclusion

Pourquoi la musique classique fait-elle baisser le volume sonore général produit par les clients d'une cafétéria ? Vraisemblablement en raison de ses vertus apaisantes, nous disent Chalmers, Olson et Zurkowski dans leur recherche menée en 1999 dans des cantines d'écoles en Angleterre. Ils ont mis en évidence que de la musique classique, comparativement à l'absence de musique, contribuait à faire diminuer très significativement le volume sonore des enfants dans la cantine, ainsi que certaines incivilités, telles que se lever de table sans permission, ne pas plier sa serviette, manger comme des cochons... Ce n'est pas une vue de l'esprit : la musique classique adoucit bien les mœurs.

Pourquoi diffuser de la musique classique ou de la pop dans un magasin fait-il décoller les ventes ?

Lorsqu'on réfléchit à l'influence d'une ambiance sonore sur le comportement du consommateur, on pense immédiatement à l'impact que peuvent avoir différents styles de musique sur lui. La recherche n'a pas négligé cet aspect (c'est là que l'on trouve le plus de travaux), et les chercheurs ont tenté de voir quel type de musique avait le plus d'effet sur le comportement et les évaluations des consommateurs mais, également, s'il existait des musiques appropriées à certains contextes, produits ou clients.

Si l'ambiance musicale est fréquente aujourd'hui dans de nombreux lieux destinés au public et aux consommateurs, sa simple présence ne suffit plus. Ce qui importe le plus aux spécialistes de l'ambiance musicale est de trouver « la musique » la plus appropriée au contexte, aux clients et au type de produits.

La recherche de North et Hargreaves (1998) a analysé l'impact de trois types de musique sur les clients d'une cafétéria d'une université de Grande-Bretagne.

Trois types de musique étaient diffusés pendant des périodes de 90 minutes : de la musique pop, de la musique classique ou de la musique qualifiée de facile à retenir (*La Bamba, Greensleeves...*). Une condition d'absence de musique était également introduite. Les sujets étaient abordés à table, et on leur demandait d'évaluer la cafétéria à l'aide d'une liste de vingt adjectifs (reposante, agréable, plaisante...), d'estimer ensuite le prix maximal qu'ils seraient susceptibles de mettre pour différents produits vendus dans la cafétéria (sandwichs, salades, barres chocolatées...). On comptabilisait également les ventes de produits durant ces périodes afin de les comparer à celles précédant ou succédant à la période de test. S'agissant des effets sur les ventes, les chercheurs ont mesuré la différence entre les ventes au moment des expérimentations et celles constatées habituellement.

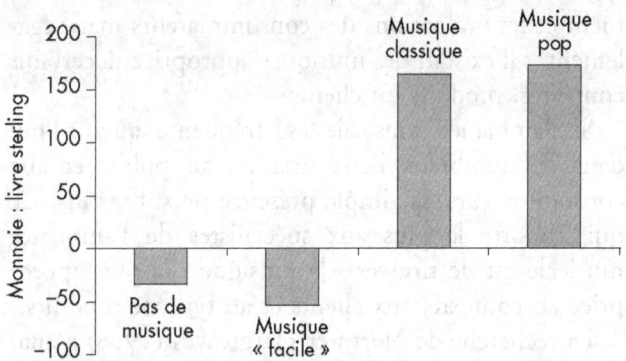

Différences de ventes entre jour d'expérimentation et jours précédents

Quant au prix maximal que les personnes seraient susceptibles de payer pour différents produits, on trouve les résultats suivants :

**Prix moyen maximal susceptible
d'être mis dans les produits (en livres sterling)**

	Pas de musique	Musique		
		facile	classique	pop
Yoghourt aux fruits maigre	0,29	0,28	0,36	0,33
Déjeuner type 1 (frites, pommes, part de tarte, jus d'orange)	1,49	1,47	1,74	1,89
Déjeuner type 2 (riz et légumes au curry, part de gâteau, pomme, Coca light	1,77	1,79	2,27	2,17
Dîner pour 2 : 2 salades et sandwichs, 2 paquets de chips, part de gâteau + boisson sucrée	3,03	3,04	3,90	3,76

L'ensemble de ces résultats souligne plusieurs points intéressants. La musique classique et pop a un effet positif sur les ventes. Or, ce n'est pas le cas de la musique qualifiée de facile. On constate ensuite que, pour les mêmes musiques, les clients admettent des niveaux de prix statistiquement plus élevés. Là encore, la musique « facile » ne se distingue pas de la condition d'absence de musique.

Conclusion

Dans cette recherche menée en condition naturelle, on constate que la musique classique ou pop a un effet positif sur les ventes et les évaluations des seuils psychologiques de prix susceptibles d'être payés. Les évaluations complémentaires qui ont été réalisées dans cette recherche ont d'ailleurs montré que les évaluations sont plus positives avec ces deux types de musique. La cafétéria est considérée : plus gaie avec de la musique pop ; plus sophistiquée, spirituelle, sensuelle avec de la musique classique ; moins féminine en l'absence de musique ; plus conventionnelle avec de la musique facile. La musique a ici un impact positif autant sur les comportements d'achat que les attitudes des clients, mais, attention, une musique trop conventionnelle (des tubes trop classiques ou anciens) ne produira pas les effets recherchés.

21

Pourquoi avez-vous envie de déguster un château-lafite plutôt qu'un vin de pays quand vous écoutez une sonate de Mozart ?

Associer un style de musique avec un lieu est un axe de recherche qui se développe énormément aujourd'hui. L'idée des chercheurs est de tenter de voir, pour telle ou telle gamme de produits, telle ou telle activité, qu'elle est la musique la plus « congruente », c'est-à-dire la plus en adéquation avec ces produits et/ou cette activité.

La recherche d'Areni et Kim (1993), conduite dans un magasin de vins, illustre parfaitement cette recherche d'association entre une musique d'ambiance et un produit. L'expérience a impliqué l'observation d'hommes et de femmes de catégories d'âges allant de 20 à 60 ans et plus. Elle se déroulait en situation réelle dans la section vins d'un restaurant américain (section de restaurant où les clients peuvent visiter, goûter ou acheter du vin). La plupart du temps, il n'y avait qu'un client dans cette zone, ce qui facilitait les observations. Selon le cas, de la musique classique (*Les Quatre Saisons* de Vivaldi, concerto n° 2 pour piano de Mendelssohn…) ou de la musique genre Top 50 était diffusée.

Les différentes variables du comportement du client étaient mesurées : consultation des produits (lecture de l'étiquette pendant au moins 3 secondes), manipulation, l'achat.

**Moyennes des différentes mesures
selon l'environnement musical**

	Musique classique	Musique Top 50
Nombre de bouteilles examinées	3,93	3,85
Nombre de bouteilles prises en main	1,36	0,97
Nombre de bouteilles achetées	0,12	0,07
Montant vente (en $ US)	7,43	2,17
Temps passé (en minutes)	11,01	8,97

Les résultats sont intéressants. La seule différence observée est obtenue avec le montant des ventes. Comme il n'y a pas d'effet sur le nombre de bouteilles achetées, cela signifie donc que les personnes ont acheté des vins plus coûteux, lorsqu'ils entendaient de la musique classique.

Une recherche récente a confirmé ces effets de la musique classique, en introduisant une condition d'absence de musique (North, Shilcock et Hargreaves, 2003). Celle-ci s'est déroulée dans un restaurant de Londres pendant 18 jours consécutifs. Comme précédemment, on diffusait pendant toute une soirée soit de la musique classique connue, soit une musique « Top 50 », ou, dans une autre condition, aucune musique n'était diffusée. La musique classique, par rapport à la musique Top 50 ou l'absence de musique, a incité les clients du restaurant à commander des entrées et des desserts plus chers et les a plus volontiers incités à consommer un café à la fin du repas. Aucun effet de cet ordre n'a été constaté en comparant la musique Top 50 et l'absence de musique. C'est donc bien la musique classique qui a son influence, puisque, au final, par rapport à l'absence de musique, l'addition moyenne par client a augmenté de près de 10 %.

Dans un autre contexte et pour d'autres types de produits, ces mêmes résultats ont été observés.

Ben Dahmane Mouelhi et Touzani (2003) ont ainsi diffusé de la musique classique ou de variétés dans un magasin spécialisé en parfumerie et cosmétiques. Outre les mesures comportementales des clients, un questionnaire leur était adressé. Les résultats montreront qu'en condition de musique classique, les clients ont acheté en moyenne pour 30,22 dinars (l'expérience était effectuée en Tunisie), contre 22,80 dinars lorsque la musique de variétés était diffusée. Cette augmentation du panier moyen était liée au fait que les clients ont acheté plus de produits en condition de musique classique (1,47) qu'en condition de musique de variété (1,08). Cependant, le temps passé dans le magasin a été le même dans les deux conditions de musique d'ambiance. De plus, aucune différence ne sera observée en ce qui concerne le plaisir, l'humeur, l'éveil et l'évaluation de l'ambiance et du magasin. Cela tendrait donc à montrer que la musique classique active d'autres registres de jugement ou d'affects que ceux mesurés ici.

Conclusion

On observe donc que la musique classique a favorisé l'achat de vins plus prestigieux, donc plus chers, tout comme elle a poussé les clients d'un restaurant à dépenser plus. Pour ces chercheurs, il serait possible que la musique agisse comme un signal externe du comportement à adopter. Comme la musique classique véhicule une image plus sophistiquée, plus haut de gamme, les personnes adoptent un comportement similaire et tendent à choisir des produits plus nobles, donc plus chers.

Diffuser de la musique classique dans un certain contexte peut s'avérer judicieux. Toutefois, il faudra bien étudier à l'avance le comportement que l'on souhaite renforcer. Ainsi, North, Shilcock et Hargreaves (2003) ont trouvé un effet de la musique classique sur la nourriture mais pas sur la boisson et les vins. Manifestement, selon le contexte ou les produits, ce n'est pas le même comportement d'achat qui est activé.

22

Pourquoi achetez-vous des produits français quand vous entendez de l'accordéon ?

L'accordéon et le musette caractérisent l'idée stéréotypée de la musique française dans le monde, à l'instar du flamenco qui représente « la » musique espagnole. On sait que les stéréotypes n'ont pas besoin d'être réels pour qu'ils agissent : de très nombreux chanteurs, groupes et musiciens français connus à l'étranger ne font pas de musette ou ne jouent pas de l'accordéon. Pourtant, l'être humain, face à la multitude d'informations qu'il doit traiter, a besoin de ce prêt-à-porter mental pour aller plus vite dans ses prises de décision. Il semble aussi que cela puisse le conduire à prendre certaines décisions plutôt que d'autres, et notamment celles recherchées par un commerçant.

Cet effet a été mis en évidence par trois chercheurs anglais (North, Hargreaves et McKendrick, 1997). L'expérience se déroulait dans un supermarché situé à la périphérie d'une ville anglaise. La musique diffusée dans la zone de l'expérimentation (audible à 1 mètre des produits) était soit française (*Alouette, gentille alouette*…), soit allemande (chansons à boire : *Zu Rüdesheim in der Drosselgass*). L'expérience se déroulait sur 2 semaines à des moments précis (15 minutes de diffusion) ; les périodes de diffusion étaient changées de façon aléatoire pour éviter tout problème méthodologique. Une sélection de 4 vins français et de 4 vins allemands se trouvait en fin de gondole des boissons du magasin. Il s'agissait, dans les deux cas, de produits sensiblement du même prix et évalués de la même manière en terme de qualité gustative. Un observateur, placé à la sortie du magasin, abordait les personnes ayant une bouteille à la main en leur demandant si elles acceptaient de répondre à un questionnaire concernant leur achat. Elles devaient dire pourquoi elles avaient choisi ce vin, si elles préféraient plutôt les vins français ou allemands et à quel point la musique diffusée dans le magasin leur avait fait penser à la France ou à l'Allemagne. Enfin, on leur demandait de dire si, oui ou non, la musique avait influencé leur choix.

Une forte orientation des choix est obtenue selon le type de musique diffusée, et on remarque qu'il y a congruence entre la musique et l'origine du vin acheté. La musique provoque des évocations de l'un ou l'autre pays, et même la préférence affirmée pour l'un ou l'autre vin varie selon le type de musique. La musique change donc à la fois les comportements (ici l'achat) et ce que l'on pense à propos du produit. S'agissant de la justification du comportement d'achat, qui constituait la dernière question, seul 1 client indique

Moyennes des différentes mesures

	Musique française	Musique allemande
Vins achetés (en % total)		
Vin français	48,78	14,63
Vin allemand	9,75	26,83
Degré de pensée à l'un des pays (> : forte pensée)		
France	6,25	2,50
Allemagne	1,52	6,08
Préférence habituelle pour le vin (0 français, 10 allemand)	3,54	5,58

avoir acheté le vin pour la musique, et 7 % estiment avoir été influencés par la musique dans leur achat. S'agissant de la préférence habituelle pour l'un et l'autre vin, aucune différence n'a été évoquée par les personnes intéressées.

Il est à noter qu'une plus récente réplication (Hume, Dodd et Grigg, 2003), menée cette fois dans un magasin de vins aux États-Unis, n'a pas montré d'effet stéréotypique de la musique (ici française, espagnole, australienne, sud-africaine). Le choix des vins n'a pas été orienté par la musique ambiante. Pour ces chercheurs, cela pourrait provenir du changement de contexte qui est ici représenté par un magasin de vins et non un supermarché comme précédemment. Dans ce dernier cas, il y a beaucoup d'informations à traiter. Le sujet emploierait donc davantage d'heuristiques, comme les informations stéréotypiques véhiculées par la musique. Ce ne serait pas le cas dans un magasin de vins, où la personne vient souvent avec une détermination préalable sur le choix de tel ou tel vin. Celle-ci ne varierait pas selon l'ambiance. Dans un super-marché, où un certain nombre d'achats ne sont pas anticipés et se produisent dans le contexte, l'environnement et l'ambiance musicale auraient plus d'impact.

Dites-le avec des fleurs !

L'effet de congruence entre le type de musique employée et le comportement ne se limite pas qu'à la consommation de vin.

Jacob, Guéguen, Boulbry et Selmi (2009) ont diffusé de la musique chez un fleuriste et observé le comportement des clients et des clientes qui y entraient. Selon le cas, des chansons d'amour françaises ou de la musique pop étaient diffusées, ou, comme c'était le cas ordinairement chez ce commerçant, aucune musique n'était présente. Le panier moyen des personnes ainsi que le temps passé ont ensuite été évalués.

Les chansons d'amour ont conduit à augmenter les dépenses des clients, et en particulier celles des hommes. Le renforcement de cet effet auprès des hommes pourrait être expliqué par la destination des fleurs. En effet, ceux-ci destinent les fleurs généralement à des femmes et pour des raisons affectives fortes. Les femmes destinent également les fleurs à des femmes mais à la fois pour des raisons affectives et également plus normatives (par exemple lorsque nous

Panier moyen et temps passé selon les conditions

	Chanson d'amour	Pop	Pas de musique
Panier moyen (en €)			
Hommes	36,3	30,3	25,2
Femmes	30,1	25,2	27,0
Temps passé (en secondes)			
Hommes	207	116	177
Femmes	347	179	270

sommes invités à dîner). Les chansons d'amour ont également eu pour effet d'augmenter le temps moyen passé par les clients, et notamment les femmes, dans le magasin. Il est vraisemblable que le plaisir à écouter ces chansons, ou les émotions que ces chansons suscitent, expliquent ces effets.

Conclusion

La musique peut influencer la sélection que fait le consommateur du produit, notamment lorsqu'une certaine congruence existe entre la musique employée et le produit.

La musique constituerait donc une amorce (voir chapitre II). Pourtant, les réponses des sujets semblent souligner qu'ils ont été inconscients de cette influence. On peut donc exploiter, à notre insu, certains stéréotypes pour orienter nos comportements d'achat. Cela paraît fonctionner dans les situations d'achats impulsifs où l'atmosphère ambiante peut, sans que nous en soyons conscients, nous conduire à acheter tel ou tel produit. Or, nombre de nos achats ou de nos choix ne sont pas guidés aujourd'hui par des rationalités mais par des impulsions qui surviennent à un moment donné et dans un certain contexte.

23

Pourquoi les différents styles de musique ont-ils un effet sur les actes d'achat ?

S'il est possible dans certaines circonstances d'orienter le choix des consommateurs pour certains produits *via* la diffusion de certaines musiques, ou de faire produire certains comportements en augmentant ou en réduisant le volume d'une musique, on peut aisément pousser le raisonnement plus loin et suggérer que différentes ambiances musicales puissent être réalisées dans un même magasin en fonction des zones. Une recherche effectuée par Yalch et Spangenberg (1993) atteste de la validité empirique de ce choix. Un même rythme ne convient pas à tous, et il faut tenter d'offrir à chaque clientèle ce qui lui convient le mieux. Or, quoique d'un coût non négligeable, la diversification des ambiances par zone est possible d'un point de vue technique.

Les sujets observés dans la recherche de Yalch et Spangenberg (1993) étaient des hommes et des femmes d'un grand magasin de vêtements américain. Les départements, bien entendu, correspondaient aux types de vêtements (sportwear, tenue de ville…), mais, évidemment, pour chaque département, une zone homme et femme existait. C'est sur cette dernière caractéristique que s'est établie la différenciation des comportements. L'étude a été faite dans le rayon sportwear des hommes et le rayon manteaux et robes des femmes. À des moments prédéfinis, on diffusait une musique pendant au moins 15 minutes dans les différentes zones du magasin. Cette musique était soit des instrumentaux sur des rythmes plutôt rapides, modernes, soit des chansons avec instruments utilisant des tempos plus lents. Les observateurs laissaient les personnes vaquer à leurs achats et les sollicitaient pour les interroger au moment où elles s'apprêtaient à sortir. Les questions, utilisant des échelles, portaient sur l'évaluation du magasin (agréable, luxueux…), l'estimation de l'adéquation de la musique avec les préférences musicales des clients, des informations d'ordre démographique (âge, profession…). Une mesure des comportements d'achat (taux d'achat et montant) était réalisée à l'insu des clients.

Le type de musique a un effet sur les actes d'achat. Ce qui est intéressant ici, c'est l'opposition des comportements selon le sexe : hommes et femmes ont des comportements d'achat opposés selon le type de musique. Ces oppositions ont été d'ailleurs confirmées par les évaluations faites par les clients à l'aide du questionnaire. Par exemple, les femmes ont trouvé le magasin plus luxueux, plus agréable, lorsque le tempo de la musique diffusée était lent.

Effet du type de musique sur les comportements d'achat selon la zone

	Chansons Tempo plus lent	Instrumentaux seuls Tempo plus rapide
Zones femmes Taux d'achat (en %)	57,0	26,0
Montant des achats (en $)	22,22	8,91
Zones hommes Taux d'achat (en %)	54,0	76,0
Montant des achats (en $)	18,13	34,18

Dans cette expérience, malgré les différences de réaction, la musique a eu un effet plus positif sur les ventes que l'absence de musique : taux d'achat moyen de 54 % contre 47 % en condition sans musique. Il y a des différences d'effet liées à l'âge avec peut-être des résultats inattendus. Les clients âgés entre 18-49 ans ont dépensé plus en condition de musique à tempo lent que rapide, alors que c'est l'inverse pour les plus âgés. Vraisemblablement, les musiques accompagnées de paroles ont eu plus d'impact auprès des plus jeunes.

Cette étude montre bien qu'il faut bien évaluer le type de musique que l'on doit employer selon le contexte. Nous avons vu (p. 123-126) que dans l'espace vins d'un restaurant, on pouvait conduire les personnes à acheter des vins plus coûteux en diffusant de la musique classique. Cependant, il faut se garder de croire que tous les comportements de consommation de boissons sont affectés de la même manière.

Wilson (2003) a diffusé différents styles de musiques (jazz, classique, pop, pas de musique) dans un restaurant et mesuré l'effet sur la consommation d'alcool. Alors que la musique classique n'a pas montré de différence avec la condition d'absence de musique, les musiques pop et jazz ont conduit les clients à consommer plus d'alcool. Ainsi, vendre plus (plus de consommation) ou vendre mieux (produit plus coûteux), telle sera la question à se poser : selon l'objectif, on ne choisira pas le même type de musique.

Il conviendra également de tester la musique selon le type de magasin.

Ben Dahmane Mouelhi (2009) propose ainsi de faire la distinction entre les magasins spécialisés et ceux vendant des produits de consommation courante. Cette chercheuse a diffusé de la musique classique et de variétés, soit connue des clients, soit inconnue d'eux. Cette diffusion avait lieu dans un magasin spécialisé en parfumerie et cosmétiques ou bien dans une grande surface. Les résultats montreront que, dans la parfumerie, plus d'articles ont été achetés et le panier moyen a été plus élevé lorsque la musique connue était diffusée et cela aussi bien avec de la musique classique connue qu'avec de la musique de variétés connue. Dans la grande surface, aucun effet du type de musique employé n'a été observé. Ces résultats tendent donc à prouver qu'il n'y a pas un modèle, et qu'il faut tester, évaluer le type de musique le plus adéquat à la cible, au produit ou service et aux objectifs.

Conclusion

Les effets positifs de la musique sur le comportement du consommateur ont été soulignés à plusieurs reprises. L'expérience relatée ici prouve qu'il est nécessaire de pousser les investigations plus loin, en recherchant la ou les musiques et chansons qui ont le plus d'impact sur une cible. Seules la recherche expérimentale et la multiplication des investigations peuvent permettre cette évaluation.

24

Pourquoi diffuse-t-on de la musique sur les marchés en plein air ?

Jusqu'à présent, les travaux présentés se sont limités à l'atmosphère feutrée ou dynamique de certains restaurants ou au brouhaha des magasins : bref, des lieux fermés. Pourtant, d'autres contextes peuvent également se prêter au jeu. Guéguen, Jacob et Legohérel (2002) ont testé l'impact d'une musique diffusée par un vendeur sur un marché de plein air. Toutefois, contrairement à la méthodologie utilisée précédemment, l'impact de la musique n'était étudié qu'à un certain moment de la phase de relation avec le client.

L'expérience de Guéguen, Jacob et Legohérel a été menée sur un marché en plein air d'une ville de province fortement touristique comptant environ 70 000 habitants. Trois jeunes femmes y tenaient un stand présentant des bibelots et des jouets, dont le prix variait de 1 à 15 €. Ces produits étaient de petite taille, et de nombreux articles étaient présentés aux passants. Comme ils étaient peu chers et attrayants (multicolores, amusants…), il y avait souvent beaucoup de personnes qui s'arrêtaient pour les regarder. De manière aléatoire, des observateurs postés non loin prenaient en charge l'observation d'une seule personne. À ce moment-là, par le biais d'une télécommande, on commençait à diffuser de la musique à l'aide d'une chaîne portable située sous le stand. La musique utilisée était instrumentale et provenait d'un patchwork de musiques gaies, enjouées et agréables (sonatines, carillons). On mesurait alors le temps que passait la personne observée sur le stand et, éventuellement, le montant de ses achats. Dès qu'elle quittait le stand, on éteignait la musique, et on reprenait après quelques instants une autre observation.

	Musique	Pas de musique
Temps passé devant le stand (en minutes)	5,19	3,51
Taux d'achat (en %)	18,33	10,0
Montant moyen des achats (en €)	41,60	37,20

La musique agit sur le temps passé par les badauds sur le stand : ceux-ci y demeurent plus longtemps. On observe aussi un changement dans leurs comportements d'achat.

Conclusion

Il peut être intéressant, notamment pour un commerçant, de se singulariser. Dans l'expérience décrite ci-dessus, une musique, en adéquation avec le lieu et les produits, a des effets positifs sur le comportement du consommateur. Même si cette étude n'a pas testé différentes musiques, les effets observés vont dans le sens d'une identité sonore originale qui est à trouver.

25

Pourquoi la musique a-t-elle un réel impact sur le délai d'attente téléphonique ?

Voici encore quelque chose que nous connaissons tous : l'attente téléphonique. Pour la rendre agréable et nous faire patienter, une musique est diffusée en boucle avec, ponctuellement, un message employant une voix généralement féminine, nous disant que l'on recherche notre interlocuteur ou nous invitant à patienter si celui-ci est déjà en ligne.

Vous avez peut-être remarqué que, depuis quelques années, un effort a été fait dans le choix des musiques utilisées : *exit* le célèbre mouvement des *Quatre Saisons* de Vivaldi et place à l'originalité, à l'éclectisme, voire à l'identité musicale des régions (dans mon université, située sur la côte du Morbihan, vous aurez une musique moderne, rythmée et enlevée certes, mais celtique). Si cette « gamme » est aujourd'hui plus large, c'est parce que l'on sait que la musique a un réel impact sur le temps d'attente.

L'expérience de Ramos (1993) a mobilisé les appelants des services de protection contre les mauvais traitements de Floride. Faire rester les gens en ligne est très important dans ce cas de figure, car on sait que, pour de telles déclarations, l'effort à consentir pour téléphoner est tel que les gens doivent se remobiliser à chaque fois. Il importe donc de faire patienter le plus possible les personnes pour qu'un opérateur puisse les prendre. L'expérience s'est déroulée pendant 10 semaines à raison de 2 périodes de 5 semaines où l'on diffusait chaque semaine un style différent de musique (classique, pop, relaxante, country et jazz). Un ordinateur prenait en charge la diffusion de la musique et permettait de contrôler le nombre d'appels reçus et le nombre de personnes qui raccrochaient.

Ce taux selon le type de musique, obtenu en divisant le nombre d'appels raccrochés/nombre d'appels (multiplié par 100 pour une meilleure lecture), est présenté dans le graphique de synthèse p. 143.

Une musique relaxante semble peu appropriée dans ce service, alors que de la musique jazz contribue à faire nettement baisser le taux d'appels raccrochés.

Conclusion

Des appelants mis en attente n'ont pas les mêmes comportements selon le type de musique utilisée pour les faire patienter. On constate que cet aspect du choix de la musique revêt son importance, puisque le taux d'appels raccrochés peut varier du simple au double entre deux musiques. Dans le cas de l'expérience présentée, il manquait toutefois une condition où la musique était absente. Une recherche plus récente de

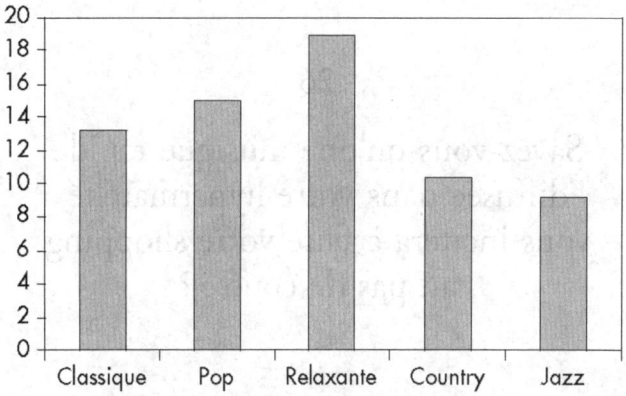

Taux d'appels raccrochés selon le type de musique (en %)

North, Hargreaves et McKendrick (1999), réalisée en Angleterre, comble partiellement ce manque. Elle confirme bien des différences entre deux musiques – ces chercheurs ont trouvé qu'une musique des Andes type flûte de Pan incite les gens à demeurer plus longtemps qu'une chanson archiconnue des Beatles –, mais met aussi en évidence que la musique accompagnant un message paraît plus efficace que le message seul diffusé en boucle, pour conserver l'individu en ligne. Il n'est donc pas anodin et inutile, pour une organisation, de travailler cet aspect de l'évaluation de la musique. Ici encore, vous avez la preuve expérimentale qu'il n'y a pas encore de solutions clés en main et qu'il faut sans cesse tester.

26

Savez-vous qu'une musique rapide diffusée dans votre hypermarché vous incitera à faire votre shopping au pas de course ?

Vous avez souvent marqué le rythme d'une chanson ou d'une musique avec votre pied, mais auriez-vous pensé que celui-ci puisse influencer d'autres comportements, notamment vos comportements d'achat ? Non bien sûr, car nous avons du mal à établir un tel lien entre des comportements aussi dissociés. Pourtant, il semble que cela soit le cas, si l'on en croit plusieurs recherches effectuées en situation réelle dans des magasins, des restaurants et même sur Internet.

Il peut être intéressant, dans certains cas, de faire rester des clients dans un magasin un peu plus ou un peu moins longtemps que d'ordinaire. Mais on se casse souvent la tête pour savoir comment y parvenir. La manipulation du tempo d'une musique diffusée pourrait bien aider les responsables de lieux commerciaux à obtenir les effets recherchés. Une recherche de Milliman (1982) est une référence en ce domaine.

Milliman (1982) a testé l'influence d'une même musique jouée à deux tempos différents sur le comportement des clients d'un supermarché d'une ville américaine de taille moyenne de 150 000 habitants (une grande ville chez nous, car tout est relatif). Selon le moment d'expérimentation, défini de manière aléatoire, une musique d'ambiance, essentiellement instrumentale, était diffusée selon un tempo dit rapide (93 battements à la noire par minute) ou un tempo dit lent (73 battements à la noire par minute). Une situation dite contrôle, où aucune musique n'était diffusée, était également employée. On mesurait la vitesse de déambulation des clients à certains endroits clés du magasin, tandis que le volume des ventes était mesuré. À la sortie du magasin, des clients étaient interrogés afin d'évaluer s'ils avaient prêté attention à la musique diffusée.

	Musique lente	Musique rapide	Pas de musique
Temps de passage à différents points (en secondes)	127,53	108,93	119,86
Volume moyen des ventes (en $ par jour)	16 740	12 112	Pas donné

La musique a un double effet sur le comportement comparativement à l'absence de musique. Un tempo lent tend à ralentir la vitesse de déambulation, un tempo rapide à l'augmenter. D'ailleurs, le rythme affecte directement les ventes, puisque les clients ont plus acheté en condition de tempo lent. Malgré ces effets, étonnamment, les clients ont avoué ne pas avoir prêté attention à la présence ou à l'absence de musique.

Conclusion

Il semble donc y avoir un ajustement du rythme ambulatoire en fonction de la musique, et ce phénomène affecte les ventes, dans la mesure où un tempo lent conduit à une augmentation de 38 % des ventes comparativement à un tempo rapide. Un tel effet pourrait provenir d'une plus forte attention à l'égard des produits, qui provoquerait ainsi l'achat. Des chercheurs ont souligné qu'une musique lente favorise, comparativement à une musique plus rapide, une meilleure mémorisation des informations sur des produits ou des messages publicitaires (Hann et Hwang, 1999).

La recherche de Milliman (1982) présente toutefois une limite interprétative : l'auteur n'a pas donné les ventes moyennes en condition d'absence de musique, ce qui rend l'interprétation difficile. Certes, le tempo a une incidence, mais on ne sait pas si, par rapport à une situation sans musique de fond, une musique à tempo lent augmente les ventes, ou si c'est un tempo rapide qui les diminue. On peut penser néanmoins que, s'il y a ajustement entre déambulation et vente, les deux interprétations s'avèrent justes : par rapport à l'absence de musique, un tempo lent augmenterait les ventes, tandis qu'un tempo rapide les diminuerait.

27

Comment vous faire rester plus longtemps et consommer davantage dans un restaurant ?

Nous venons de voir que le rythme d'une musique diffusée en magasin influe sur le comportement ambulatoire des clients. Toutefois, même en position statique, on observe que des comportements insoupçonnés tendent à se caler sur le tempo.

Caldwell et Hibbert (1999) ont analysé le comportement de clients dans un restaurant de Grande-Bretagne en fonction du tempo de la musique diffusée. Selon le cas, les clients étaient exposés à la même musique de jazz, soit avec un tempo lent (72 battements à la noire par minute), soit avec un tempo plus rapide (94 battements par minute). L'observation du comportement des clients était effectuée à leur insu grâce à l'aide du personnel et d'observateurs judicieusement placés autour des tables. On mesurait ainsi le temps réellement passé à table, ainsi que le montant des dépenses en plats et boissons. Avant leur départ, sous le prétexte d'une enquête, on demandait aux clients d'estimer le temps qu'ils avaient passé dans le restaurant.

Moyennes des différentes évaluations

	Tempo lent	Tempo rapide
Temps passé à déjeuner (en minutes)	95,56	82,00
Différence temps estimé passé/ temps réel (en minutes)	– 4,77	1,18
Montant achat nourriture (en £)	18,14	16,14
Montant achat boissons (en £)	9,12	6,04
Total prix repas (en £)	27,33	22,14

Hormis pour la différence entre le temps estimé et le temps réellement passé, il y a une différence statistique dans tous les autres cas. Un tempo lent incite le client à passer plus de temps mais aussi à dépenser plus.

Conclusion

Un tempo lent, et voici des clients qui passent plus de temps dans votre restaurant et pour lesquels, au final, l'addition s'avère plus élevée. Soulignons que ces résultats ont déjà été mis en évidence dans un restaurant américain (Milliman, 1986). Ce chercheur n'avait toutefois pas trouvé de différence sur le montant moyen d'achat en nourriture. Néanmoins, pour toutes les autres mesures, les mêmes différences ont été observées.

Ces effets du tempo ont été mesurés sur d'autres comportements. Ainsi, Roballey et ses collaborateurs

(1985) ont montré que des clients d'une cafétéria mastiquaient plus vite leur nourriture, lorsque de la musique était diffusée avec un tempo rapide. Une bonne technique pour pousser les consommateurs à finir plus rapidement leur plat ?

28

Pourquoi buvez-vous plus et plus vite lorsque vous écoutez une musique rapide ?

Dans un magasin, un restaurant ou une cafétéria, le tempo influence le temps que passe le consommateur dans le lieu. On aurait tendance à conseiller aux professionnels de ce secteur de diffuser un tempo qualifié de lent (65-75 battements à la noire par minute), afin, comme on l'a vu, d'obtenir un panier moyen ou des additions plus élevées. Dans d'autres circonstances, il peut être intéressant d'accélérer la vitesse de consommation ou de déambulation du client. Aussi un tempo rapide serait peut-être plus approprié pour parvenir à un tel résultat. Les responsables de bars ou de boîtes de nuit auraient beaucoup à apprendre sur l'expérience de McElrea et Standing (1992).

McElrea et Standing (1992) ont réuni des étudiants en groupes de cinq personnes afin de participer à une enquête. On les invitait à boire une canette de soda, dans le but de recueillir leurs impressions sur son goût. Les sujets se trouvaient dans une salle où l'on diffusait de la musique. Dans les deux cas, il s'agissait d'un même morceau de piano, mais celui-ci était soit à tempo rapide (132 battements à la noire par minute), soit à tempo lent (54 battements à la noire par minute). On disait aux étudiants de prendre leur temps pour boire le soda et de discuter entre eux. Par le truchement d'une glace sans tain, on pouvait observer le temps mis par chacun des protagonistes pour finir sa canette. Ces différents temps sont présentés dans le graphique ci-après.

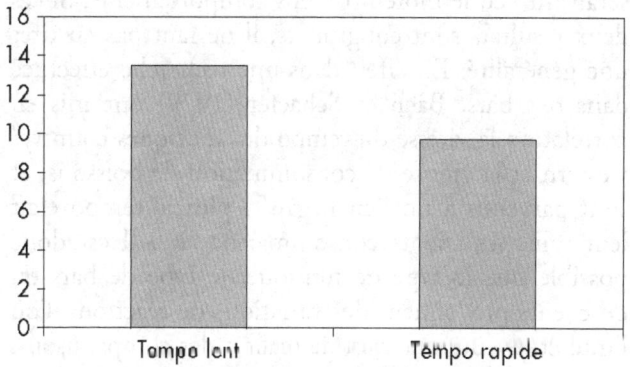

Temps moyen mis pour boire la canette (en minutes)

Un rythme rapide contribue à augmenter la vitesse à laquelle les personnes ont vidé leur canette de soda.

Conclusion

Les responsables de bars ou de boîtes de nuit ont intérêt à diffuser des musiques à tempo rapide, car, dans cette ambiance sonore, leurs clients consomment plus vite et peut-être plus. On constate bien une certaine congruence entre le tempo et un comportement. Il semble que de multiples comportements peuvent être affectés, mêmes ceux réclamant d'autres aptitudes. Ainsi, Nottono et ses collaborateurs (2000) ont montré, en utilisant le même type de musique avec sensiblement les deux mêmes fréquences rythmiques, que le temps passé pour reproduire des dessins simples était plus important avec un tempo lent. Le tempo serait un peu le moteur de nos comportements. Si ces deux résultats sont congruents, il ne faut pas en tirer une généralité. En effet, dans une recherche effectuée dans des bars, Bach et Schaefer (1979) ont mis en corrélation la vitesse du tempo des musiques country/western et la vitesse de consommation de boissons, et sont parvenus à un lien négatif : plus le tempo était lent, plus les clients consommaient vite. Il est donc possible que le type de musique, le type de bars ou de clients provoquent des variations de réaction, d'où l'intérêt, encore une fois, de réaliser des comparaisons.

29

Savez-vous que votre rythme cardiaque est votre rythme musical préféré ?

Dans différents contextes et pour différents comportements, le tempo a une incidence sur le consommateur. De manière générale, on constate qu'un tempo que les chercheurs qualifient souvent de lent (65-75 battement à la noire par minute) a plus d'impact qu'un tempo plus rapide (plus de 90 battements à la noire par minute). On peut se demander pourquoi ce rythme de 65-75 battements a une telle influence ? Un certain nombre de travaux semblent aujourd'hui apporter une explication, et cette réponse est plus proche de vous que vous ne pouvez le penser.

Un chercheur japonais, Iwanaga (1995a), a fait l'expérience suivante avec des étudiants. Il mesurait leur rythme cardiaque et leur respiration en permanence dans le cadre d'une tâche où ils devaient, à l'aide d'une molette, régler le tempo d'un son standardisé jusqu'à ce qu'ils atteignent le rythme qu'ils préféraient. Selon les sujets, le rythme commençait à très faible ou à très forte fréquence, ce qui permettait, en moyenne, que les sujets testent différents points de référence et que les deux extrêmes soient testés. Ensuite, en raison des différences individuelles, on calculait un ratio avec tempo choisi/rythme cardiaque. Il est à noter que si l'on mesurait le rythme respiratoire et la fréquence cardiaque des personnes, celles-ci ne recevaient pas d'information sur ce rythme. Il en va de même du rythme réglé par la molette : cela fonctionnait comme un métronome, mais aucune valeur n'était fournie.

Les résultats ont montré que c'est lorsque le ratio est égal à 1 que se porte le maximum des préférences des sujets : le rythme cardiaque de la personne correspond au rythme qu'elle semble apprécier le plus.

Conclusion

Notre rythme cardiaque serait notre rythme préféré, si l'on en croit les résultats de cette expérience. Une autre recherche, réalisée aussi par Iwanaga (1995b), a confirmé ces résultats avec une autre méthodologie. Cette fois, une musique standard connue (*It's a Small World* de Walt Disney) était diffusée, et les sujets de l'expérience devaient régler une molette de contrôle du rythme jusqu'à ce qu'ils parviennent à leur rythme préféré. Ici encore, c'est le rythme cardiaque du sujet qui a été préféré comme rythme de préférence pour la musique.

Notre cœur serait notre métronome. Si l'on regarde les recherches précédentes sur l'effet du tempo, on

observe un phénomène étonnant. Les musiques diffusées à un tempo compris entre 65-75 battements à la
noire par minute ont souvent été considérées comme
des musiques à tempo lent. Or, ce sont ces musiques
qui ont eu le plus d'effets positifs sur le comportement
des personnes et notamment du consommateur. Étonnamment, 65-75 battements à la noire par minute
constituent la moyenne du rythme cardiaque de l'être
humain au repos.

30

Pourquoi la musique rapide favorise-t-elle la mémorisation ?

L'arrivée progressive du haut débit pour accéder à Internet va progressivement augmenter la richesse sensorielle des sites web : animation, image on-line, sons sophistiqués et – cela existe déjà depuis un bon moment – ambiances sonores ou musicales. Bien entendu, pour l'heure, chacun d'entre nous peut couper le son, mais il y a fort à parier que, dans un futur proche, ce canal sera ouvert en permanence dans un univers Internet qui deviendra un lieu multimédia de plus en plus intégré. Anticipant l'arrivée de cet univers de sensations, des chercheurs ont tout naturellement étudié l'impact d'une ambiance musicale lors de la navigation sur des sites Internet.

Jean-Philippe Galan (2002) a étudié le comportement d'internautes qui se connectaient sur un site web culturel. Ce site diffusait une musique dont le tempo variait selon les internautes. Trois tempos étaient utilisés : un lent, un moyen et un rapide correspondant respectivement à 70, 100 et 140 battements à la noire par minute. On mesurait alors le temps passé par les internautes sur chacune des pages du site.

Dans ce contexte, le tempo de la musique influe aussi sur le temps consacré à chacune des pages, et, un tempo lent, comparativement à un tempo rapide, conduit à consacrer près de 50 % de temps supplémentaire à la consultation de la page.

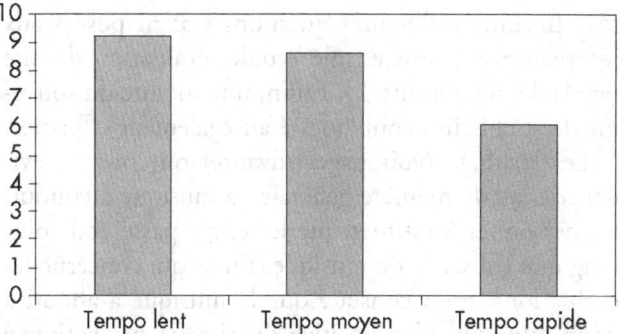

Temps moyen de visite par page selon le tempo (en secondes)

Dans la mesure où le tempo fait varier le temps consacré à la consultation d'une page, on peut penser que celui-ci peut avoir un impact sur d'autres facteurs, notamment ceux liés à l'évaluation et au traitement des informations contenues dans le site. Une recherche de Guéguen et Jacob (2004) a tenté de vérifier cette idée. Les résultats qu'elle fournit pourraient bien intéresser les annonceurs sur Internet.

Guéguen et Jacob (2004) ont explicitement demandé à des étudiants, familiers de l'Internet, de donner leur avis sur un site. Il s'agissait en l'occurrence d'un site œnologique attrayant, qui avait la particularité de contenir douze bannières publicitaires dans ses pages. Selon le cas, dès que l'internaute commençait sa visite du site, une musique classique était diffusée. Ici aussi, le tempo variait : lent, moyen ou rapide (de 70, 100 à 120 battements à la noire par minute). Une condition d'absence de musique était également introduite. On laissait précisément 5 minutes de visite du site. Ensuite, différentes questions étaient posées aux internautes : temps estimé écoulé, évaluation du site (agréable, intéressant…). Enfin, une mesure du souvenir des publicités contenues était également effectuée.

Les résultats (voir page suivante) ont mis en évidence que, de manière générale, la musique a conduit les personnes à estimer que le temps passé était plus long que l'absence de musique. En ce qui concerne les évaluations, on a constaté que la musique a abouti à une évaluation plus positive du site (la navigation y a été jugée plus aisée, les couleurs plus agréables…). Toutefois, peu de différences entre les trois tempos ont été notées.

La musique, et notamment la musique diffusée à un rythme rapide, favorise la mémorisation, comme en témoigne cette belle croissance linéaire.

Conclusion

Les effets d'une musique sur les comportements et les évaluations des internautes ont été mis en évidence. Des résultats en apparence contradictoires ont aussi

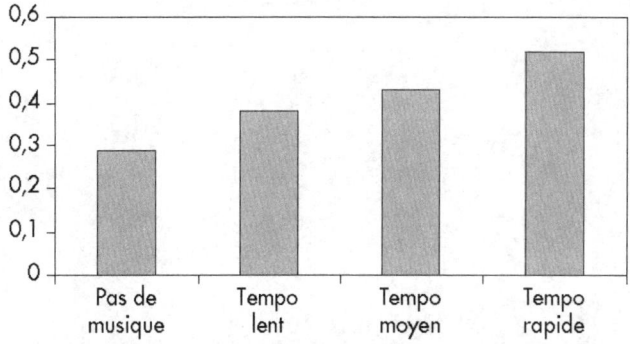

Moyennes du nombre de publicités rappelées

été observés : si, avec la musique, les gens passent le plus de temps à consulter une page, leur mémorisation n'est pas optimale. Là encore, on dispose d'outils théoriques pour expliquer cela. Une musique stimulante (comme c'est aussi le cas pour une musique à tempo rapide) posséderait des propriétés d'activation (attention, mémoire...) plus importante, ce qui favoriserait une meilleure mémorisation. Encore une fois, cette contradiction apparente des résultats prouve qu'il faut évaluer le comportement et les cognitions de la même manière que celle que nous utilisons, pour démontrer l'effet de la musique et d'autres facteurs sur de nombreux comportements.

VI

Odeurs et comportements de consommation

31

Pourquoi cette odeur vous rappelle-t-elle votre enfance ?

Depuis longtemps en Allemagne, la nourriture pour nouveau-nés et jeunes enfants (le lait plus particulièrement) est parfumée à la vanille. Certains chercheurs se sont demandé si cette exposition à cette période de la vie et avec ce niveau de répétition pouvait influencer les préférences concernant la nourriture parfumée à la vanille à un âge plus avancé.

La recherche de Haller et ses collaborateurs (1999) a été menée auprès d'hommes et de femmes âgés de 30 ans environ. Les sujets étaient sollicités pour répondre à un questionnaire sur leurs habitudes alimentaires dans lequel on leur demandait, entre autres, s'ils avaient été nourris au sein ou au biberon. Cela permettait de différencier ceux qui avaient été précocement exposés à la vanille, puisque le lait maternisé contenait cet ingrédient à l'odeur si caractéristique, alors que cela n'était pas le cas, bien évidemment, pour ceux qui avaient été allaités. On invitait ensuite les personnes à participer à un test de goût. Les sujets devaient goûter deux ketchups qui étaient rigoureusement identiques, mais dont l'un contenait de la vanille à un taux de concentration de 0,5 g/kg. Une évaluation préalable avait indiqué qu'il y avait identification de la substance. Après l'avoir goûté, les participants devaient indiquer lequel des deux ketchups ils préféraient.

Taux de préférence du produit selon le type d'alimentation au premier âge

	Sein	Biberon
Ketchup pur	70,9 %	33,3 %
Ketchup vanille	29,1 %	66,7 %

Les préférences sont nettement opposées. Les adultes ayant été nourris avec un lait contenant de la vanille affichent une préférence plus importante pour le ketchup contenant de l'extrait de vanille. Ce n'est pas le cas de ceux nourris au sein qui préfèrent le ketchup sans vanille. Ce résultat est d'autant plus étonnant que les chercheurs n'ont constaté aucune différence entre les deux groupes dans leurs habitudes alimentaires.

Jouets odorants

Si les odeurs de l'enfance guident nos choix d'adultes, nos enfants ont également des préférences pour certaines odeurs.

Menella et Beauchamp (1997) ont testé l'impact que pouvait avoir un jouet d'enfant imprégné ou pas de l'odeur de vanille. Des enfants de 7-8 mois en moyenne étaient observés alors qu'un jouet attrayant pour les enfants de cet âge se trouvait à leur portée. Ce jouet était ou n'était pas, selon les groupes d'enfants, imprégné de l'odeur de vanille. Les résultats montreront que les enfants ont beaucoup plus regardé le jouet parfumé et l'ont plus favorablement porté à la bouche. Il semble donc que rapidement les odeurs alimentaires renforcent l'intérêt d'un produit. On peut penser que cette méthodologie pourrait, dès le plus jeune âge, favoriser l'appétence pour certains produits que l'on aimerait voir nos enfants consommer (fruits et légumes par exemple).

Conclusion

Certaines odeurs auxquelles nous avons été longuement et précocement exposés affectent encore nos préférences alimentaires ultérieures, même au bout de trente ans. Il semble donc y avoir un apprentissage non intentionnel de l'olfaction dès le plus jeune âge, qui « pilote » les goûts par la suite. Il pourrait y avoir là une possibilité d'influencer des choix alimentaires : en exposant les bébés à telle ou telle odeur dès leur jeune âge de multiples manières (nourriture mais également habit parfumé, crèmes, lessive…), ils pourraient être amenés à l'âge adulte à privilégier tel produit contenant cette odeur précoce.

32

Pourquoi cette odeur dans votre restaurant favori vous pousse-t-elle à consommer davantage ?

Les odeurs de cuisine nous mettent en appétit. Toutefois, si diffuser une odeur de viennoiserie dans la rue peut nous inciter à acheter un croissant, comment faire pour inciter des gens, dans un lieu où ils sont venus consommer de leur plein gré, pour qu'ils consomment davantage ? Là encore, la création d'un contexte particulier peut générer cet effet. Dans un restaurant, les odeurs, et pas nécessairement celles de cuisine, peuvent aider à créer ce contexte tant recherché.

Guéguen et Petr (2006) ont conduit une expérience pendant plusieurs semaines dans un restaurant d'une petite ville de province. Les observations avaient lieu en soirée uniquement. Il s'agissait d'une petite pizzeria de 22 places proposant une carte relativement réduite (exemple pour les plats : 17 pizzas, 4 plats de viande, 3 de poissons et 4 salades). Selon le cas, à l'aide de diffuseurs électriques branchés sur des prises murales, se dégageait une essence de lavande ou de citron. Ces essences ont été retenues en raison de travaux antérieurs, montrant que la lavande aurait un effet plutôt relaxant, et le citron un effet plutôt stimulant. Une condition d'absence d'odeur ambiante a également été introduite. Le temps passé dans le restaurant par les clients, ainsi que le montant moyen de la note par personne, ont été mesurés pendant ces périodes.

	Pas d'odeur	Lavande	Citron
Temps passé à table (en minutes)	91,3	89,8	105,7
Montant moyen de l'addition (en €)	17,5	18,1	21,1

Pour les deux variables mesurées (temps passé à table et montant de la note), la condition « citron » se distingue statistiquement des deux autres. Cette essence, facilement identifiable (tout comme la lavande), a incité les clients à passer plus de temps et à consommer davantage. L'analyse de corrélation entre les deux variables a d'ailleurs indiqué un lien positif entre le tempo et le montant de la note : plus les gens étaient restés longtemps, plus l'addition était élevée. Ce ne sont donc pas les variations de la valeur des plats qui expliquent les différences mais le nombre : en l'occurrence, il y a eu plus de desserts commandés.

Comme pour la musique, il semble que l'usage des odeurs ne se cantonne pas à diffuser simplement une bonne odeur : le citron est aussi agréable que la lavande et pourtant seule l'odeur du citron a eu un effet. Là encore, il semble qu'il faille évaluer le degré de congruence entre les odeurs et les produits proposés aux clients.

Spangenberg, Sprott, Grohmann et Tracy (2006) ont, dans un premier temps, fait évaluer douze odeurs par des hommes ou des femmes et ont tenté de voir celles qui étaient les plus agréables pour les hommes et pour les femmes. La vanille était l'odeur préférée des femmes et la rose du Maroc celle des hommes. Ces odeurs ont ensuite été diffusées alternativement dans un magasin de vêtements pour hommes et femmes. Chaque jour, on diffusait dans l'ensemble du magasin soit l'odeur de vanille soit celle de la rose du Maroc. On mesurait alors le panier moyen des hommes et des femmes selon le type d'odeur. De fait, lorsque l'odeur de vanille était diffusée, on qualifiait celle-ci d'odeur congruente pour les femmes mais pas pour les hommes. Lorsque l'on diffusait l'odeur de rose du Maroc, on qualifiait celle-ci d'odeur congruente pour les hommes mais pas pour les femmes. À la sortie du magasin, les personnes étaient interrogées pour répondre à un questionnaire d'évaluation du magasin et des produits. En ce qui concerne le comportement des clients, on a mesuré le panier moyen, le nombre d'articles achetés et le temps passé. Ces résultats sont présentés dans le tableau ci-après.

	Odeur non congruente	Odeur congruente
Temps passé dans le magasin (en minutes)	15,95	23,95
Nombre de produits achetés	0,91	1,71
Panier moyen (en $ US)	23,01	55,14

Dès que l'odeur diffusée n'est pas celle qui est la préférée de la clientèle, les ventes baissent. Dans le même temps, en situation de congruence avec les préférences, les clients ont évalué plus positivement le magasin, la qualité de la marchandise et les prix et ils ont manifesté plus d'intentions de revenir. On constate donc, comme cela avait été montré pour la musique, que l'objectif n'est pas simplement de diffuser une odeur agréable : il convient au préalable de voir pour qui elle est agréable. De fait, ici, dans des magasins de vêtements exclusivement féminins, il conviendrait de diffuser l'odeur de vanille tandis qu'il serait plus approprié de diffuser celle de la rose du Maroc dans un magasin de vêtements exclusivement masculins. Dans le cas d'un magasin mixte, il conviendrait peut-être de pouvoir séparer les zones avec des parois empêchant la diffusion à l'ensemble du magasin ou de trouver une odeur jugée positivement par les deux groupes.

Conclusion

Une odeur familière diffusée dans un lieu qui est déjà stimulant d'un point de vue olfactif a tout de même le pouvoir d'influencer le comportement du consommateur. On peut donc penser que, comme pour la musique, l'ambiance olfactive activerait un état psychologique particulier qui, en retour, affecterait les comportements des personnes.

33

Pourquoi se dégage-t-il une odeur de pain chaud devant la boulangerie et une odeur de poulet rôti devant la boucherie ?

Nous avons vu qu'une musique stéréotypique peut conduire à orienter l'achat de produits en lien avec ce stéréotype (voir p. 127-132). On peut s'interroger s'il en va de même avec les odeurs. Telle ou telle odeur conduirait ainsi plus favorablement à orienter les choix d'achat. Une recherche récente tend à mettre en évidence que ce qui a été observé avec la musique se retrouve avec les odeurs.

Guéguen et Jacob (soumis) ont réalisé l'expérience suivante à l'entrée d'une supérette. On diffusait une odeur alimentaire typique ayant une très forte probabilité d'être identifiée par les clients : l'odeur de poulet rôti ou l'odeur de chocolat fondu. Une condition contrôle sans odeur était également introduite. Les clients étaient discrètement pris en charge par un observateur qui les pistait afin de voir vers quel rayon ils se dirigeaient initialement. Comme il s'agissait d'une petite supérette, le client se trouvait devant une alternative : soit aller à droite et se rendre vers le rayon salé (charcuterie, plats cuisinés), soit aller à gauche vers le rayon sucré (confiserie, gâteaux, viennoiserie). On mesurait également le taux d'achat des différents types de produits (sucré ou salé) selon le type d'odeur diffusée, ainsi que le montant des achats dans chacun des rayons.

Si, en l'absence d'odeur, la probabilité que le client aille à droite ou à gauche vers l'un ou l'autre des deux rayons est aléatoire (presque du 50/50), il n'en va pas de même lorsqu'une odeur alimentaire est diffusée. L'odeur de poulet rôti incite les clients à se diriger vers le rayon salé, alors que l'odeur de chocolat fondu les pousse plus favorablement à aller vers le rayon sucré.

	Odeur diffusée		
	Poulet rôti (salée)	Chocolat fondu (sucrée)	Pas d'odeur
Visite rayon salé en premier	85 %	25 %	55 %
Visite rayon sucré en premier	25 %	75 %	45 %

S'agissant des taux d'achat, aucune différence n'a été notée, et les personnes ont acheté, dans les mêmes proportions, du salé et du sucré. En revanche, une disparité du panier moyen a été observée. En moyenne, les clients qui sentaient une odeur de poulet rôti ont acheté, par rapport au groupe sans musique, plus de salé mais autant de sucré, tandis que ceux qui avaient l'odeur de chocolat chaud ont acheté plus de sucré mais autant de salé. Il semble que les clients soient amenés à effectuer des achats supplémentaires dans le rayon congruent avec l'odeur ambiante sans pour autant limiter leurs achats dans l'autre rayon.

L'odeur comme facilitant les relations sociales

Outre l'effet sur le comportement ambulatoire du client, les odeurs de nourriture affectent également d'autres registres de comportements.

Baron (1997) a ainsi demandé à des personnes de lui faire de la monnaie. La manipulation des odeurs d'ambiance se faisait en sélectionnant l'endroit où la sollicitation des passants avait lieu, à proximité d'un commerce diffusant ou ne diffusant pas d'odeur de par son activité. Selon le cas, il s'agissait de lieux diffusant des odeurs généralement agréables (pâtisseries, coffee-shop, etc.) ou bien de zones neutres (magasins de vêtements). Un compère abordait un passant en tenant dans sa main un billet de 1 $ et en demandant à la personne si elle pouvait lui faire de la monnaie. Les résultats montreront qu'à proximité de magasins diffusant des odeurs agréables, 57 % des personnes ont rendu le service demandé contre 19 % dans des lieux ne diffusant pas d'odeurs particulières.

Il semble donc qu'une odeur agréable favorise l'expression de comportements altruistes. Cet effet est certainement imputable au fait que certaines odeurs favorisent les interactions sociales.

Zemke et Shoemaker (2007) ont en effet diffusé une odeur d'huile essentielle de géranium dans une pièce attenante à une salle de conférences, dans un hôtel, tout en observant le comportement des personnes via des enregistrements vidéo de cette zone. Les résultats montreront que, par rapport à l'absence d'odeur, la diffusion de l'odeur de géranium a favorisé les relations sociales entre individus (plus de proximité physique, plus de conversations, plus de serrements de mains, etc.).

Pour favoriser les relations sociales donc rendre un lieu plus positif, l'usage de la diffusion d'une odeur pourrait être une excellente stratégie.

Conclusion

L'hypothèse d'une congruence olfactive paraît se vérifier dans cette expérience, puisque les clients ont privilégié, dans leur comportement ambulatoire et d'achat, le rayon où se trouvent les produits correspondant à l'odeur diffusée. L'odeur pourrait déclencher des achats supplémentaires sur des produits qui lui sont reliés. Cette recherche, avant tout exploratoire, devrait être étendue, en observant quels types de produits sont achetés et dans quelles proportions en fonction de l'odeur (chocolats ou produits contenant du chocolat lorsqu'une odeur de chocolat fondu est diffusée). Cela permettrait d'aller plus loin dans l'évaluation de l'impact de cet effet de congruence.

VII

COULEURS, LUMIÈRE ET CONSOMMATION

34

Pourquoi, lorsque vous avez chaud, décidez-vous de porter des couleurs froides ?

Les conditions environnementales dans lesquelles nous nous trouvons peuvent-elles affecter le choix des couleurs de nos vêtements ? Oui, si l'on en croit les travaux des anthropologues japonais Kim et Tokura. Dans une série de recherches menées en 1998, ces chercheurs ont mis en évidence que les sensations de chaud et de froid sont des facteurs qui influencent notre façon de nous habiller.

Dans une première série de recherches, Kim et Tokura (1998*a*) ont manipulé la sensation de chaud de leurs sujets. Selon le cas, des femmes devaient soit s'immerger dans un bain bien chaud (38,5 °C), soit vivre pendant un mois dans une pièce dont on contrôlait la température de manière qu'elle varie entre 23 et 28 °C. À la sortie du bain, on leur demandait de choisir une couleur d'habits à porter parmi 41 couleurs proposées. Les couleurs retenues ont été des couleurs froides (bleu, vert…), tandis que les couleurs chaudes étaient rejetées (rouge, jaune…). Dans la seconde expérience, où les jeunes femmes se retrouvaient pendant un mois dans une pièce à température contrôlée, les choix étaient identiques. Toutefois, les couleurs choisies variaient selon que la température de la pièce était plus ou moins élevée. Une température élevée (maximum 28 °C) a donc conduit les sujets à préférer porter des vêtements de couleur froide.

Dans une seconde série d'expériences (1998*b*), ces mêmes chercheurs se sont intéressés à la sensation de froid. Il s'agissait de diffuser un air ventilé plus ou moins frais à hauteur du visage des femmes qui se prêtaient au jeu, zone qui est rarement recouverte de vêtements. Puis, on leur demandait de choisir des coloris de vêtements qu'elles aimeraient porter ; pour leur faciliter la tâche, des échantillons leur étaient fournis. Ce sont les couleurs chaudes, particulièrement les rouges, qui ont été les plus choisies, lorsque l'air ventilé était rafraîchi. En revanche, aucune différence ne sera observée entre la condition d'air ventilé ambiant (sans que l'air soit rafraîchi) et la condition d'absence de ventilation.

Conclusion

Dans cette série de recherches, on constate que des données externes comme la température, un courant d'air plus ou moins frais, participent aux choix des couleurs de vêtements que l'on désire porter. Une fois de plus, on observe que les décisions ne sont pas prises indépendamment du contexte dans lesquelles elles sont sollicitées. Là encore, l'hypothèse de congruence paraît se vérifier : on est au chaud, on recherche du froid dans les couleurs ; on est au froid, on recherche les couleurs chaudes. D'un point de vue méthodologique, il convient donc d'évaluer l'impact de ces facteurs. Pour un commerçant spécialisé dans le prêt-à-porter, certaines couleurs exposées en vitrine pourraient, pour un même modèle, être privilégiées en fonction de la température extérieure.

Pourquoi préférez-vous boire
une limonade bien fraîche
dans un verre bleu plutôt que rouge ?

Les sens ne sont pas indépendants les uns des autres, et ce que l'on voit peut avoir des répercussions sur d'autres sensations. Il semble acquis maintenant que ce qui passe principalement par le canal visuel affecte d'autres évaluations sensorielles. Les couleurs n'échappent pas à cette perception, comme en témoigne cette expérience réalisée sur la perception du caractère plus ou moins rafraîchissant d'une boisson.

Dans cette étude (Guéguen, 2003), des personnes devaient goûter une même boisson, conditionnée à la même température et placée dans quatre verres identiques mais de couleur différente (rouge, vert, jaune et bleu). En face de chaque verre, un numéro d'ordre (1, 2, 3 ou 4) était inscrit sur une étiquette autoadhésive collée sur la table. La couleur du verre correspondant à chaque numéro d'ordre était répartie pour chaque personne selon une distribution aléatoire. La personne avait pour consigne de goûter chaque boisson contenue dans les verres. Ensuite, après avoir goûté ces boissons, elle devait désigner le verre qui contenait, selon elle, la boisson la plus rafraîchissante.

Les choix s'écartent d'une réponse au hasard (nous devrions avoir 25 % de sélection dans chaque cas). Ici, les couleurs dites froides (bleu et vert) aboutissent à une perception de fraîcheur plus fréquente que les couleurs dites chaudes (jaune et rouge). Pourtant, il s'agissait de la même boisson, et sa température était la même dans chacun des verres.

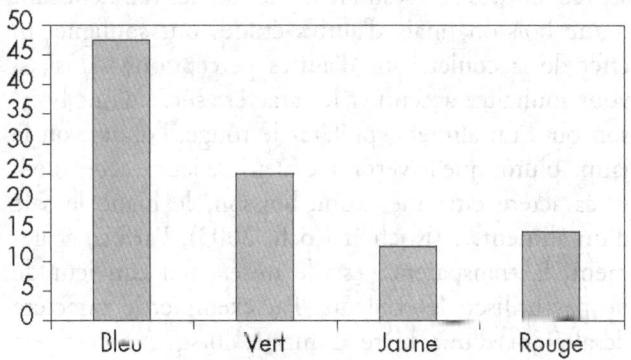

Couleur du verre désigné comme contenant la boisson la plus rafraîchissante (en %)

Il est à noter que si les couleurs froides accentuent le caractère rafraîchissant d'une boisson, les couleurs chaudes accentuent le caractère de chaleur d'une boisson. En effet, dans une réplication à l'inverse de cette étude (Guéguen et Jacob, 2014), nous avons demandé à des personnes d'estimer le caractère plus ou moins chaud d'une boisson chaude (expérience faite ici avec du café, du thé et du chocolat au lait). Les résultats montreront que pour ces trois types de breuvages, ces derniers ont été perçus comme plus chauds lorsque la tasse qui les contenait était rouge.

Conclusion

La couleur conduit à faire percevoir différemment ce que nous goûtons. L'expérience que nous avons présentée ci-dessus mesurait le caractère rafraîchissant d'une boisson, mais d'autres études ont souligné un effet de la couleur sur d'autres perceptions. Ainsi, si vous souhaitez accentuer le caractère sucré d'une boisson ou d'un aliment, préférez le rouge, l'orange ou le jaune plutôt que le vert ou le bleu. Le jaune accentuera le caractère citronné d'une boisson, le blanc le salé d'un aliment... (Koch et Koch, 2003). Parfois, également, la transparence est de mise, et il convient de ne pas utiliser de couleurs. Par exemple, le caractère désaltérant d'une bière diminue, lorsque celle-ci est colorée (Guinard et coll., 1998). La couleur des aliments ou des boissons est donc interprétée et influence d'autres jugements sensoriels. Les industriels de ce secteur doivent donc intégrer cette évaluation dans leur protocole d'évaluation des produits : la couleur n'est, semble-t-il, pas si anodine que cela.

36

Pourquoi un même fromage sera-t-il blanc en France et jaune en Espagne ?

Tous les goûts sont dans la nature, dit l'adage, et les couleurs aussi, mais qu'advient-il lorsqu'il faut choisir une couleur typique pour un aliment ? Certains travaux montrent que le choix doit être mûrement réfléchi, notamment lorsque le produit s'adresse à des personnes de cultures différentes. La recherche menée par Scanlon montre que le choix d'une couleur pour un aliment est important, surtout en fonction de la cible à laquelle on s'adresse.

Scanlon (1985) a demandé à des clients de magasins, appartenant à trois groupes ethniques américains (des Blancs, des Noirs et des Hispaniques), de donner leur avis sur un fromage. Parmi les deux échantillons de fromage proposés, ils devaient désigner celui qu'ils préféraient. En réalité, il s'agissait du même fromage : l'un avait une pâte plutôt blanche, et l'autre une pâte plutôt jaune obtenue avec un colorant n'affectant pas le goût de la pâte. Un groupe contrôle avait au préalable goûté les fromages sans les voir, afin de vérifier que les goûts étaient bien identiques. Les deux fromages ont été préférés à égalité. Il n'y avait donc pas de différence, lorsque le sujet n'était pas en mesure de voir les fromages. En revanche, lorsqu'il les voyait, ses préférences variaient.

**Taux de préférence pour chaque fromage
selon le groupe ethnique (en %)**

Couleur du fromage	Appartenance ethnique		
	Noirs	Blancs	Hispaniques
Blanc	30,0	53,3	32,2
Jaune	70,0	46,7	67,9

Si les Blancs américains n'ont pas de préférence spécifique pour telle ou telle couleur de fromage, il n'en va pas de même des Hispaniques et des Noirs qui apprécient mieux ce même fromage s'il est jaune.

Conclusion

Si tous les goûts sont dans la nature, il semble qu'ils ne le sont pas dans toutes les cultures. Cet élément est à prendre en compte en fonction de la cible que l'on souhaite viser. Comme aimait à le dire Marcel Mauss, la nourriture n'est pas seulement bonne à manger, mais elle est avant tout bonne à penser. Ici, la culture a forgé des préférences d'apparence qui agissent sur les comportements et les jugements. Lorsqu'on envisage d'expertiser ses produits dans d'autres pays, ce contrôle des couleurs, facile à réaliser, serait nécessaire pour éviter parfois de malheureux échecs commerciaux.

Pourquoi cette publicité en noir et blanc est-elle invisible ?

Contrairement à une idée reçue, l'impact et les retombées commerciales des publicités sont rarement évalués, notamment lorsqu'il s'agit de celles diffusées dans des supports à portée locale comme les journaux. Or, beaucoup de petites entreprises, de magasins, de commerçants passent encore par ce vecteur pour communiquer. Se pose alors le choix du contenu de la publicité, de sa taille, mais aussi de son apparence. Là, contrairement à d'autres médias, le choix de la couleur affecte directement le coût de la publicité. Les chercheurs peuvent-ils aider les annonceurs à faire le bon choix ?

Sparkman et Austin (1980) ont mené une étude sur l'impact des publicités couleur et noir et blanc diffusées dans un journal local du Texas pendant deux périodes (1968 et 1978). Cette différence de période avait son importance, puisque, en l'espace de dix ans, la publicité couleur était devenue nettement plus abordable et s'était banalisée. Ces chercheurs se sont penchés sur l'impact de la couleur de publicités vantant les mêmes produits (table, lampe, huile moteur, mobilier…) et paraissant dans un même journal à des moments différents. Selon le cas, une même publicité était présentée en couleurs un jour, et en noir et blanc un autre. Une mesure de l'effet sur les ventes de ces produits était effectuée dans les magasins ayant fait paraître l'annonce pendant toute la semaine qui suivait la publication de l'annonce dans le journal.

De manière générale, la présence de la couleur dans la publicité permet d'augmenter les ventes de 41 %, comparativement à la même publicité en noir et blanc. Pour certains produits, on a même observé un doublement (voire plus) des ventes (fauteuil, gazon), tandis que pour d'autres, aucune différence ne sera enregistrée (table). Aucun effet négatif de la publicité couleur sur les ventes de l'ensemble des produits étudiés n'a été constaté, de même qu'aucune différence liée aux périodes. Malgré l'augmentation des publicités couleur, liée à la diminution de leur coût, celles-ci agissent de façon efficace.

Conclusion

La publicité couleur s'avère plus efficace, et sa banalisation ne paraît pas entraîner de diminution de son efficacité. Certes, elle demeure plus chère, même de nos jours, mais pour certains produits, le jeu en vaut la chandelle. Aussi est-il intéressant pour un annonceur de tester, selon les produits, l'efficacité de l'un ou l'autre support.

Cela devrait aussi être pris en compte lors du choix de l'apparence d'affiches publicitaires. Percy et Rossiter (1983) ont montré que, indépendamment de cet effet sur les ventes, une affiche publicitaire, quelle que soit sa taille (A4 au A0), est mieux évaluée et son contenu mieux mémorisé, quand elle est en couleurs. Ce nouvel effet, obtenu avec un nouveau support de communication, traduit bien l'importance de la couleur. On peut donc penser que d'autres supports (flyers, annuaires…) peuvent avoir le même impact.

38

Savez-vous que la lumière d'un magasin influence vos achats ?

Sauf à sombrer dans certains extrêmes, il est difficile de croire que l'éclairage d'un magasin peut avoir une incidence sur le comportement du consommateur. Nous allons voir, à la lumière de quelques travaux, que ce facteur, encore peu étudié, n'est pas à prendre à la légère.

En 1994, Areni et Kim ont réalisé l'expérience suivante dans un lieu commercial. Ils ont testé des clients, hommes et femmes âgés de 20 à 60 ans et plus, dans la section vins d'un restaurant américain (section de restaurant où les clients peuvent visiter, goûter ou acheter du vin). Dans cette zone, on manipulait l'éclairage de telle manière que la luminosité soit vive ou tamisée. Le comportement des clients était mesuré à leur insu. On évaluait différentes variables de ce dernier : consultation des bouteilles (lecture de l'étiquette pendant au moins 3 secondes), manipulation, achat…

Moyennes des différentes mesures selon la luminosité

	Lumière tamisée	Lumière vive
Bouteilles examinées	3,04	4,42
Bouteilles prises en main	0,69	1,54
Bouteilles achetées	10 %	17 %
Montant vente (en $ US)	4,57	3,88
Temps passé (en minutes)	10,48	8,87

Des effets paradoxaux sont obtenus. Si une lumière vive favorise la prise d'information (examiner les bouteilles, les prendre en main), on remarque toutefois que le montant moyen des achats est plus élevé en condition de lumière tamisée, mais que, paradoxalement, plus de personnes ont acheté de bouteilles en condition de lumière vive. Par conséquent, la lumière tamisée a conduit les sujets à acheter moins de bouteilles, mais à des prix plus élevés.

La luminosité affecte le comportement du consommateur. Toutefois, ici, on a comparé deux conditions d'éclairage opposées. Il serait également intéressant de voir ce qui se produit lorsqu'on change la luminosité ambiante d'un lieu de vente à laquelle des clients sont habitués, et si ce changement de luminosité se répercute sur leur comportement. On peut également s'interroger sur les conditions d'éclairage selon le type de magasin. Une recherche réalisée par Teresa Summers et Paulette Hebert en Louisiane offre des éléments de réponse assez pertinents.

La recherche de Summers et Hebert (2001) a impliqué l'observation de plusieurs milliers de clients et clientes de deux magasins de détail (une quincaillerie et un magasin faisant conjointement le vêtement et l'alimentation). À l'aide de puissantes lampes, on ajoutait dans le magasin un éclairage nettement plus important que celui habituellement utilisé. Des données sur le comportement des clients étaient recueillies par le biais de caméras vidéo de surveillance. On mesurait le temps passé par les clients dans un même rayon (le rayon outils pour la quincaillerie et le rayon ceintures/collants pour les vêtements) selon la présence ou l'absence d'éclairage supplémentaire. On évaluait également le nombre de produits touchés et de produits achetés.

Le supplément de luminosité n'agit pas de la même manière sur le comportement des clients selon le magasin (voir page suivante). On passe plus de temps dans le rayon outils mais moins de temps dans le rayon ceintures/collants, lorsque l'éclairage est plus important. Contrairement à ce qui a été observé avec le vin, plus de lumière conduit, globalement, à moins toucher les produits, mais à acheter plus.

Cet effet positif d'un éclairage additionnel a été également mis en évidence par Bakini-Driss, Bellalouna Hafsia et Zghal (2008).

Ces chercheurs ont étudié l'impact d'un éclairage additionnel au rayon fromage à la coupe d'un supermarché. Les clients ayant acheté dans les deux conditions d'éclairage étaient abordés après la sortie du rayon afin de répondre à un court questionnaire sur la perception

	Luminosité normale	Supplément de lumière
Temps passé dans le rayon (en secondes)		
Rayon outils	5,25	8,58
Rayon ceintures/collants	14,49	12,82
Nombre de produits touchés		
Rayon outils	,08	,12
Rayon ceintures/collants	,63	,33
Nombre de produits achetés		
Rayon outils	,02	,04
Rayon ceintures/collants	,11	,30

du magasin et du rayon et mesurer différentes variables du comportement d'achat. Les résultats montreront que l'éclairage additionnel a induit une augmentation du nombre d'articles achetés et une augmentation du panier moyen. Les clients ont également estimé, dans cette condition, avoir acheté plus d'articles non prévus. Enfin, en ce qui concerne les attitudes et jugement, les clients, dans le cas de l'éclairage actionnel, ont estimé plus probable leur intention de revenir à ce rayon à la coupe et l'ont aussi évalué plus positivement. Cependant, l'éclairage additionnel n'a pas conduit à juger différemment l'atmosphère globale du magasin.

Conclusion

La lumière a un impact sur le comportement des clients. Une lumière tamisée diminue la vente de bouteilles mais favorise la vente de vins plus coûteux. On achète moins de vins, mais ceux qui sont achetés sont plus chers. Une ambiance semblable à la pénombre d'une cave paraît favoriser l'achat de vins de plus grande valeur. Un tel résultat n'est pas différent de celui montrant le lien entre la musique classique et la vente de vins de prestige (voir p. 123-126). À nouveau, l'ambiance est associée au produit, d'où la différence de comportement des clients dans la seconde expérimentation présentée. Selon ce que recherche le vendeur, ce qu'il vend ou cherche à vendre, il serait judicieux de pouvoir moduler ces différentes ambiances afin d'affecter différemment le comportement des clients.

TROISIÈME PARTIE

Pouvoir des vendeurs et influence des clients

Dans cette partie, nous allons voir qu'il existe un nombre important de procédures d'influence du comportement du consommateur, qui peuvent être mises en place dans le cas très précis de l'interaction entre le vendeur et un client. Bien entendu, cela peut provenir des caractéristiques mêmes du vendeur (l'apparence par exemple), mais aussi de certains comportements qu'il adopte (le fait de toucher le client, sa posture…). De plus, il existe un ensemble de procédures d'influence très connues en psychologie sociale qui peuvent être employées auprès du consommateur. Enfin, le client possède, intrinsèquement, certaines caractéristiques qui le prédisposent à s'auto-influencer la plupart du temps pour donner une image de soi sociale valorisée ou en raison du désir de cohérence interne que recherchent la plupart des individus.

Dans la première partie, nous avons vu que certains mots, certaines phrases, ont un pouvoir persuasif important. Toutefois, les techniques d'amorçage comportemental se distinguent de la persuasion pour deux raisons principales. La première est que leur effet d'influence ne repose pas sur les mots utilisés dans le ou les messages délivrés à l'individu mais sur la succession des messages. La seconde différence porte sur le fait que, la plupart du temps, la première étape de cette technique vise seulement à faire apprécier une information, prendre une décision ou accomplir un petit acte, et ce n'est que dans un second temps que le message persuasif est délivré. Hélas pour l'individu et le client, le message initial, que l'on appelle souvent la requête préparatoire, va interagir sur l'efficacité du second message, que l'on appelle la requête finale, et conduire l'individu à faire, avec une apparente liberté, ce qu'on voulait qu'il fasse ou à prendre la décision que l'on souhaitait lui voir prendre. Le chapitre VIII vous familiarisera avec l'univers du pied-dans-la-porte, de la porte-dans-le-nez et autres leurres.

Le chapitre IX s'intéresse, quant à lui, au monde du non-dit qui agit… En effet, on dit souvent qu'une part importante de la communication entre personnes passe par des éléments non verbaux comme les gestes, la posture, le contact tactile, un regard… La recherche en psychologie sociale s'intéresse depuis longtemps à ces facteurs. Les résultats des différents travaux soulignent que le non-verbal a bien un effet sur le comportement d'autrui et qu'il peut être habilement utilisé pour influencer le comportement du consommateur.

Le chapitre X traite des autres techniques que le vendeur possède et qui ont aussi un impact : certaines sont sous son contrôle (l'apparence vestimentaire), d'autres sont des caractéristiques que la nature lui a attribuées (la beauté).

Cet ouvrage serait incomplet si nous démontrions que, pour un client, le fait de produire tel ou tel comportement n'est pas toujours lié à des facteurs exogènes, c'est-à-dire émanant de l'environnement commercial ou du vendeur. Souvent, certaines techniques d'influence sont opérantes, car notre mode de fonctionnement, nos habitudes personnelles, nos habitudes sociales... nous poussent à agir de cette manière. Les quelques travaux, présentés dans le chapitre XI, devraient finir de vous convaincre qu'un monde indépendant de toute influence sociale n'existe pas...

VIII

L'amorçage comportemental : l'influence par étapes

39

Qui peut un peu peut beaucoup

Sans doute avez-vous été abordé un jour ou l'autre par un inconnu dans la rue vous demandant l'heure, une direction, ou vous invitant à signer une pétition. Puis, une fois que cette petite action était réglée, cette même personne vous demandait alors quelque chose de plus important : un peu d'argent, acheter des dessins ou tableaux réalisés par ses soins... Parfois, vous avez peut-être accepté la seconde requête, puis vous vous êtes interrogé après coup sur ce qui avait motivé votre geste. Les choses sont assez simples, vous avez été victime de la redoutable technique du pied-dans-la-porte.

En 1966, Freedman et Fraser ont étudié de manière scientifique cette technique qui existait déjà depuis longtemps. Leur objectif était d'obtenir de ménagères qu'elles acceptent que des enquêteurs (cinq ou six, pas moins) viennent chez elles pendant deux heures afin de répertorier les produits qu'elles utilisaient dans leur maison. Ces charmantes dames prises au hasard dans

l'annuaire d'une ville américaine étaient sollicitées, par
téléphone, par un enquêteur d'un « organisme privé »
dont le nom était inventé pour la circonstance. Après
s'être présenté, il demandait à la personne si elle accep-
terait de répondre à un court questionnaire composé
de huit questions sur ses produits de consommation
courante. Si elle acceptait, le questionnaire lui était
alors soumis ; au terme de la conversation, l'enquêteur
la remerciait chaleureusement, lui souhaitait une
bonne journée, puis raccrochait. Trois jours plus tard,
ce même enquêteur téléphonait à nouveau aux ménagères ayant accepté de répondre initialement et leur
demandait alors si elles acceptaient de recevoir la
fameuse équipe d'enquêteurs chez elles. À des fins de
comparaison, un groupe contrôle avait été constitué,
qui se voyait formuler directement la requête finale.

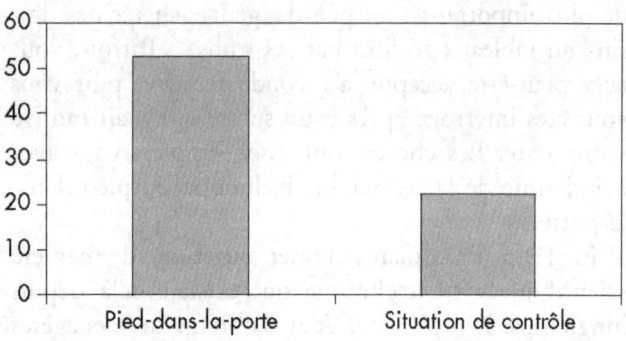

Taux d'acceptation à la venue des enquêteurs (en %)

À l'évidence, avoir accepté de faire un petit quelque
chose précédemment prédispose à accepter de faire

autre chose ultérieurement, même si cela est bien plus coûteux.

On notera que, dans cette recherche, deux autres conditions expérimentales étaient introduites afin d'évaluer plus précisément le mécanisme cognitif sous-jacent à la technique. Dans un troisième groupe, on procédait comme dans le cas du pied-dans-la-porte, mais le questionnaire préparatoire n'était pas soumis aux sujets. Dans ce cas, l'enquêteur prétextait simplement qu'il les contacterait ultérieurement. Enfin, dans un dernier groupe, il n'était fait aucunement allusion au questionnaire, et l'enquêteur se contentait de téléphoner pour présenter l'organisation à laquelle il appartenait et ce qu'elle faisait. Dans ce cas, on a enregistré 33 % d'acceptation quand le questionnaire préparatoire n'était pas soumis, et 22 % lorsqu'il y avait simplement eu un contact téléphonique. Apparemment, la familiarité entre la ménagère et l'enquêteur ne joue pas, puisque l'on observe bien une différence entre le premier et le troisième groupe, alors que l'interaction entre les deux personnes a été de même durée. Au contraire, il semble bien que ce soit le fait d'accepter d'effectuer la première requête qui prédispose à accepter la seconde.

Faire précéder une demande d'une petite sollicitation favorise l'acceptation de cette demande. Dans cette expérience de Freedman et Fraser (1966), on constate que cela augmente singulièrement le taux d'acceptation de cette technique, mais jusqu'où peut-on aller ? Ces deux chercheurs ont tenté de le savoir, en évaluant si l'on pouvait trouver une procédure qui renforce encore plus la technique.

Il s'agissait cette fois d'une requête qui apparaissait de prime abord plus excessive que la précédente : l'objectif était, en effet, d'obtenir de résidents de maisons individuelles qu'ils posent dans leur jardin un large panneau (pas moins de 16 m²) sur lequel était inscrit : « Conduisez prudemment », pour le compte d'un supposé service public d'information de sécurité routière. L'expérience a donc été réalisée auprès de propriétaires de pavillons d'une banlieue calme d'une ville, et quatre conditions expérimentales combinant deux facteurs ont été utilisées. Comme précédemment, il fallait concevoir une requête préparatoire qui soit facilement acceptée par les sujets. Deux requêtes ont été élaborées qui consistaient à demander à certaines personnes soit de coller un autocollant sur leur voiture, soit de signer une pétition. La pétition ou l'autocollant portait, selon le cas, sur la sécurité routière (message d'incitation à conduire avec prudence) ou l'écologie (incitation à garder sa région propre). Cette sollicitation, contrairement à précédemment, ne se déroulait pas par téléphone mais en face à face, au domicile des sujets. Deux semaines après, un autre expérimentateur se présentait à leur domicile (il était, de plus, ignorant de la manipulation préalable) pour présenter la requête finale. Un groupe complémentaire de personnes, non sollicitées pour signer la pétition ou coller un autocollant, était également introduit afin de constituer le groupe contrôle. À l'ensemble des participants, l'expérimentateur demandait s'ils accepteraient

de mettre un panneau publicitaire en faveur de la prévention routière dans leur jardin. Ce panneau étant
de grande taille, une photographie le représentant à
proximité d'un pavillon standard était fournie aux
sujets afin qu'ils puissent se rendre compte des conséquences esthétiques que la pose d'un tel panneau
impliquerait.

En condition contrôle, c'est-à-dire dans le cas où
les personnes n'avaient pas été sollicitées une première
fois, le taux d'acceptation de la mise en place du panneau a été de 16,7 %. Ce taux est statistiquement inférieur à celui obtenu dans les conditions de pied-dans-
la-porte présentées ci-après :

Taux d'acceptation de la seconde requête (en %)

Justification	Type de requête préparatoire	
	Mettre un autocollant	Signer une pétition
Sécurité routière	76,0	47,8
Préservation de la nature	47,6	47,4

S'il y a une proximité forte entre la requête préparatoire et la requête finale (condition autocollant pour
la sécurité routière), les personnes acceptent d'autant
plus facilement la requête finale.

Conclusion

Faire précéder une requête par une autre bien plus petite prédispose plus favorablement à l'accepter. La technique du pied-dans-la-porte aide à comprendre ce que peut vouloir signifier l'expression « mettre le doigt dans l'engrenage ». En effet, la requête initiale est susceptible d'amorcer un certain type de comportement ou de préparer la personne à accomplir certains comportements. Une fois cette préparation effectuée, la personne est prête à aller plus loin.

40

Savez-vous que plus vous naviguez sur le site Internet d'une organisation caritative, plus vous avez de chances de lui faire un don ?

Comme le prouve la fiche précédente, ce n'est pas la familiarité ou même la présence avec un solliciteur qui explique l'effet du pied-dans-la-porte mais bien la succession graduelle des requêtes. Il serait possible de créer un système permettant d'activer automatiquement cette succession, ce qui pourrait conduire à influencer une personne. Un site Internet qui ferait judicieusement varier le contenu et les caractéristiques de ses pages pourrait bien parvenir à cet effet, comme le met en évidence la recherche suivante.

Pour réaliser cette expérience, Guéguen, Jacob et Legohérel (2003) ont construit un site en faveur d'une cause humanitaire, les enfants victimes des mines anti-personnel répandues dans le monde, qui s'appelait « Enfance victime de mines » et présentait directement dans sa page d'accueil des photos d'enfants victimes de ces traumatismes, ainsi qu'un texte de sensibilisation. Deux variantes du même site ont été élaborées pour les besoins de l'expérimentation qui a testé

1 208 hommes et femmes. Un courrier était adressé par le biais d'un logiciel de mailing de courriers électroniques. Ce message contenait le texte suivant : « Donnez cinq minutes de votre temps à l'enfance victime des mines en cliquant sur… » Sous ce texte, un lien hypertexte contenant l'adresse du site apparaissait. Pour y accéder, il suffisait à la personne de cliquer sur ce lien.

En condition contrôle, la première page comportait un lien invitant la personne à faire un don en faveur des enfants victimes des mines. L'internaute était alors renvoyé à une seconde page contenant une photo présentant deux enfants et un message de remerciements. Un autre lien était contenu dans cette page qui mentionnait la phrase suivante : « Aider les enfants en demandant un formulaire de don. » L'activation de ce lien conduisait alors à une autre page qui présentait, à nouveau, une photo d'enfant et qui informait le sujet que le site était récent et qu'il avait la possibilité de faire un don au profit d'une association humanitaire pour l'enfance. S'affichaient ensuite des liens hypertextes de trois grandes organisations humanitaires, auprès desquelles de tels dons pouvaient être effectués. En condition de pied-dans-la-porte, la page d'accueil contenait les mêmes informations, mais le lien invitait le sujet à signer une pétition contre les mines antipersonnel. L'activation de ce lien renvoyait à une page présentant une photo d'enfant et remerciant le sujet de signer la pétition. Le texte de la pétition était également présenté (faire respecter le traité d'interdiction des mines antipersonnel). Le formulaire contenait

quatre champs que le sujet devait remplir : nom,
prénom, adresse électronique, sexe. Un bouton
d'envoi situé à la fin permettait l'envoi des informations à la base de données du site. Après l'envoi, le
sujet se retrouvait à la page présentant le lien invitant
à demander un formulaire de don. À ce stade, tout se
déroulait comme dans la condition contrôle. Les deux
variables mesurées étaient les suivantes : consulter ou
non la page de don, et cliquer ou non sur le lien permettant de se rendre sur le site d'une des organisations
humanitaires officielles proposées.

Taux (en %) de personnes ayant consulté
la page des dons et ayant activé le lien
vers une organisation humanitaire autorisant
les dons en ligne

	Condition expérimentale	
	Pied-dans-la-porte	Contrôle
Activation de la page de don	12,1 %	3,3 %
Activation du lien vers une association humanitaire pour effectuer le don : – par rapport au nombre total de sujets testés – par rapport aux sujets ayant activé la page de don	5,2 % 44,2 %	1,3 % 40,0 %

Le taux d'internautes qui ont activé le lien, puis qui
se sont rendus sur le site permettant de faire un don

en ligne, a été plus de 3,5 fois supérieur avec la technique du pied-dans-la-porte. Un contexte sans relation duelle s'avère donc également approprié pour l'usage de cette technique.

Conclusion

Pour être efficace, le pied-dans-la-porte ne nécessite donc pas une véritable interaction sociale, et on peut manifestement formaliser *via* une machine cette procédure afin d'influencer le comportement d'une personne.

41

Qui ne peut le plus peut le moins

Pour obtenir peu, il faut demander beaucoup, entendons souvent. Mais est-ce efficace ? Oui, si l'on en croit les multiples travaux sur la technique de la porte-dans-le-nez qui, malgré son nom étrange, possède une redoutable efficacité. Les résultats des deux illustrations opérationnelles présentées ci-après ne peuvent que laisser rêveur.

Dans la recherche menée par Patch et ses collaborateurs (1997), l'objectif était d'inciter des personnes prises au hasard dans la rue à accepter de faire quelque chose de bien étrange. Il s'agissait, en effet, de les convaincre de prendre dix prospectus afin de les distribuer à leur entourage. Toutefois, le thème était louable, car il était censé développer la conscience écologique des gens. En condition de porte-dans-le-nez, l'expérimentateur abordait une personne et se présentait comme membre d'une association en faveur de la protection de l'environnement. Il ajoutait qu'il recherchait des personnes qui accepteraient de distribuer à leur famille, amis, collègues… cent prospectus qui contenaient des informations sur le recyclage et l'élimination de produits ménagers toxiques. L'expérimentateur demandait alors à la personne si elle acceptait. Bien entendu, les refus ont été très nombreux (la quasi-totalité). Après le refus, l'expérimentateur disait qu'il comprenait et demandait alors à la personne si elle acceptait d'en distribuer au moins dix. En condition contrôle, cette demande était formulée directement sans requête précédente.

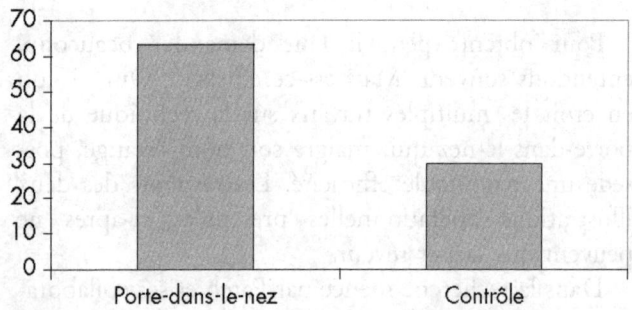

Taux de personnes ayant accepté de distribuer les 10 brochures (en %)

La technique s'avère rudement efficace, puisque le taux de personnes ayant accepté la requête a été multiplié par deux.

Millar (2001) a également testé l'effet de cette technique, mais il a tenu à vérifier le degré de réalisation de la requête. Dans la recherche ci-dessus, on mesure l'acceptation de distribution des dix brochures, mais on n'évalue pas à quel point celle-ci est réalisée.

La recherche de Millar (2001) a impliqué plusieurs centaines d'étudiants et d'étudiantes. Ceux-ci participaient initialement à un questionnaire destiné à obtenir des informations d'ordre démographique et concernant leur état de santé. Puis, on leur soumettait la requête réelle : acceptaient-ils de détailler leur comportement alimentaire sur 4 jours en notant sur un formulaire prévu à cet effet ce qu'ils mangeaient de manière détaillée. En condition de porte-dans-le-nez, on avait demandé au préalable aux étudiants de le faire pendant 1 mois, puis, après leur refus, on leur proposait les 4 jours. En condition contrôle, on demandait directement de participer à l'étude sur 4 jours. Ont été mesurées l'acceptation verbale des étudiants et la réalisation de l'acte, en vérifiant après coup le taux de remise du formulaire.

Taux d'acceptation de la requête et réalisation du comportement

	Porte-dans-le-nez	Contrôle
Taux d'acceptation (en %)	84 %	58 %
Taux de remise du formulaire (en %)	40 %	14 %

Non seulement la porte-dans-le-nez s'avère plus efficace pour obtenir un nombre plus important de personnes qui acceptent la demande, mais ces dernières s'avèrent plus respectueuses de leur engagement dans cette condition.

Ebster et Neumayr (2008) ont montré que la porte-dans-le-nez peut être utilisée efficacement à des fins commerciales.

Dans leur recherche, des randonneurs arrivant à un gîte de montagne se voyaient proposer par une employée d'acheter un fromage artisanal de 1 kilogramme pour le prix de 8 euros. L'ensemble des randonneurs a refusé car il faut dire que l'idée de transporter ce poids d'apparence modeste n'a pas le même sens en montagne lorsque le dénivelé est important. Après le refus, l'employée proposait alors à la personne un morceau plus petit faisant 500 grammes et cela pour le prix de 4 euros. Les résultats montreront qu'en condition de porte-dans-le-nez, 24 % des randonneurs ont acheté le fromage contre 9 % lorsque la proposition du petit fromage était faite directement.

Conclusion

Demander quelque chose d'excessif, qui a de fortes probabilités d'être refusé, prédispose une personne à accepter plus favorablement une requête formulée immédiatement après. Pour certains chercheurs, le contraste entre les deux requêtes conduirait à faire percevoir la dernière requête comme étant moins coûteuse, moins difficile à produire qu'en condition contrôle. Pour d'autres, cette technique s'apparenterait à du marchandage où chacun ferait une concession : le demandeur diminuant ses exigences, et la personne sollicitée acceptant quelque chose après un refus initial. Il est vraisemblable que ces deux facteurs expliquent l'effet de cette technique.

Quoi qu'il en soit, ce contraste entre les deux requêtes, indépendamment de la façon dont il est perçu par la personne sollicitée, s'avère particulièrement efficace. De plus, cette technique présente un double avantage, car la formulation de la requête excessive peut permettre d'obtenir que quelques personnes y consentent. Pour les autres, on se rabat sur ce que l'on recherchait réellement. Il y a donc tout à gagner à l'employer.

42

Pourquoi un vendeur commence-t-il par vous présenter le contrat SAV le plus cher ?

Avec la technique de la porte-dans-le-nez, nous venons de voir que le refus d'une requête exorbitante prédispose à l'acceptation d'une autre requête moins coûteuse formulée immédiatement après. Si on peut établir un lien entre cette technique et ce que l'on peut appeler le marchandage, de nombreuses transactions commerciales ne se font pas sur ce mode, surtout quand on sait qu'il est obligatoire d'afficher des prix ou qu'il est interdit, en dehors de certaines périodes légales, d'effectuer telle ou telle remise. Comment faire alors pour employer cette technique du contraste à des fins d'influence du comportement ? Certains vendeurs habiles y sont déjà parvenus de façon presque naturelle pour influencer le comportement du client.

En 1975, Warren Kelly, responsable de la promotion chez Brunswick, célèbre fabricant de billards aux États-Unis, a démontré que l'ordre de présentation des modèles pouvait affecter le comportement d'achat. Traditionnellement, quand un client arrive dans ce type de magasin, on commence par lui présenter les billards d'entrée de gamme, pour ensuite aller vers les plus prestigieux, donc les plus coûteux. Cette technique, quoique classique, ne serait pas la meilleure d'après ce responsable des ventes. En expérimentant la procédure inverse, c'est-à-dire en présentant d'abord aux clients les modèles les plus chers, les vendeurs sont parvenus à vendre, en moyenne, des billards d'une valeur de 1 000 $. En utilisant la procédure antérieure (du moins cher au plus cher), les clients sont, en moyenne, « repartis » avec un billard d'une valeur de 550 $.

Il faut peu de chose pour affecter la décision d'achat de tel ou tel modèle. L'ordre de présentation affecte considérablement ce choix. En commençant par un prix exorbitant, les prix des autres modèles apparaissent bien peu élevés comparativement à celui de départ. Bougez le point de référence du client, et vous modifiez la valeur subjective de ce qu'il entend mettre dans un produit.

Dans son célèbre ouvrage *Influence & Manipulation*, Robert Cialdini, psychologue américain, rapporte le contenu d'une lettre que lui a adressée un ancien vendeur de téléviseurs et d'équipement hi-fi. Comme c'est souvent le cas dans ce secteur, il s'agissait de vendre des appareils mais aussi des contrats SAV (extension de garantie), ce qui était plus délicat. Cet ancien vendeur mentionnait une technique, différente de celle de ses collègues, qui fonctionnait mieux. La plupart d'entre eux essayaient de placer au mieux le plus petit des contrats. Lui visait également ce contrat mais procédait différemment pour le faire accepter. Il commençait par le contrat de plus longue durée et, bien entendu, le plus cher. Cela valait déjà le coup de tenter la vente de cette manière, car certaines propositions élevées étaient prises par les clients. S'il y avait refus, il proposait alors la durée la plus petite (1 an) d'un coût bien inférieur. C'est ainsi qu'il a réussi à faire acheter un contrat à 7 clients sur 10, tandis que ses autres collègues, qui commençaient par le plus petit contrat, ne parvenaient à le faire acheter que par 4 clients sur 10.

Un dessert ? Non ! Un café peut-être ?

Sous des pratiques d'apparence anodine peuvent se cacher des techniques d'influence du comportement de consommation. Le cas classique est la proposition du café ou du thé à la fin d'un repas dans un restaurant. Parfois vous pouvez être conduit à le prendre non pas parce que vous souhaitez absolument prendre un café ou un thé, mais tout simplement parce que vous venez de refuser un dessert.

Guéguen, Jacob et Meineri (2011) ont demandé à des serveurs et serveuses de restaurants d'offrir un café ou un thé en fin de repas de deux manières différentes. L'expérience s'est faite avec des clients qui déjeunaient seuls. Dans une condition dite sans délai, le serveur ou la serveuse demandait au client en débarrassant si le client ou la cliente souhaitait un dessert. Dans le cas d'une réponse négative, on lui proposait alors immédiatement un café ou un thé. Dans la condition avec délai, on procédait de la même manière, mais après la réponse négative du client à la proposition du dessert, le serveur ou la serveuse ne proposait pas immédiatement de dessert et continuait à débarrasser la table. Il ou elle vaquait ensuite à d'autres occupations pendant trois minutes et revenait à la table du client en proposant alors un café ou un thé. Une condition contrôle où le taux spontané de cette commande était fait sans demande préalable du serveur ou de la serveuse a également été introduite à des fins de comparaison. Les résultats sont présentés dans le tableau ci-après.

Taux de commande du café ou du thé (en %)

	Clients	Clientes
Deux propositions sans délai	55 %	43 %
Deux propositions avec délai	38 %	26 %
Contrôle	23 %	13 %

On peut constater que le fait de demander induit bien plus de ventes de ces produits (comparaison avec le groupe contrôle). Cependant, il semble qu'il faille faire la proposition immédiatement. En effet, un dessert est assez coûteux tandis qu'un café ou un thé l'est un peu moins. Il est vraisemblable que lorsqu'on vient de refuser un dessert, par effet de contraste perceptif, une proposition pour un café ou un thé conduit à percevoir ce dernier comme moins coûteux.

Apparemment, au bout de trois minutes seulement, cet effet de contraste ne se réalise plus et fait peut-être percevoir, pour un certain nombre de clients, le prix du café ou du thé à sa réelle valeur.

Conclusion

La technique du contraste s'avère être une technique de vente redoutable, car on note avec quelle aisance on peut changer les points de référence des prix qu'un client est prêt à mettre dans un produit, ou l'estimation qu'il se fait d'un prix élevé. Les exemples relatés ici impliquaient une relation avec un vendeur, mais on peut imaginer d'autres contextes pour créer ce contraste, notamment avec des produits en libre accès mis en rayon. Si l'on souhaite écouler tel ou tel produit à telle époque, on gagnera à mettre à ses côtés un produit équivalent plus haut de gamme certes, mais plus cher. Cela devrait amener le client potentiel à sous-évaluer le prix du produit cible. Un vendeur de voitures parviendra à mieux vous faire sous-estimer une série limitée en précisant qu'il y a, pour quelques centaines d'euros seulement, plusieurs milliers d'euros d'options contenus dans l'offre. De la même manière, proposer un supplément (la climatisation automatique) pour un euro de plus sert à faire jouer le contraste, en vous faisant croire que, finalement, le produit n'est pas aussi cher qu'il n'y paraît.

43

Pourquoi est-il si difficile de dire « non », une fois qu'on a déjà dit oui ?

« Tu aurais un petit peu de temps samedi pour m'aider à porter des trucs ?

— Heu… Oui.

— Super ! On va aller chercher quatre cordes de bois à environ 120 kilomètres d'ici. J'en ai pris pour plusieurs hivers, ce qui m'a permis de les avoir à un bon prix. Il va falloir le mettre dans mon garage, et il va être entièrement rempli, mais bon tant pis, ça vaut le coup. Ça ne te dérange pas de venir m'aider ?

— Heu… Non… »

Vous venez d'être victime d'un *low-ball* ; c'est ainsi que les Anglo-Saxons nomment la technique d'amorçage. Vous avez pris la décision d'accepter sans connaître les inconvénients associés à votre engagement. Lorsque vous avez connaissance de ce coût et que l'on vous redemande si vous acceptez, l'effet de votre décision initiale perdure…

« Tu pourrais venir nous filer un coup de main samedi pour la fête de l'Asso. Il y aura Sandrine, ça devrait te motiver.

— Oui ! Oui ! tu peux compter sur moi… »

Le lendemain…

« Bon eh bien pour samedi on se donne tous rendez-vous à 7 heures place de l'Église. Au fait, Sandrine m'a dit qu'elle ne peut pas être là, elle a des exams à préparer. Tu es toujours ok pour venir ?

— Heu… Oui… »

Encore un *low-ball* mais, dans la situation relatée ici, la décision a été obtenue en faisant miroiter un avantage. Ce dernier disparaît le lendemain, mais l'effet de l'acceptation initiale perdure à nouveau.

Vous allez rétorquer que cela ne fonctionne qu'avec des amis ? Pas du tout ! Voici comment Robert Cialdini s'y est pris pour évaluer l'efficacité de cette technique.

L'objectif de Cialdini et de ses collaborateurs (1978) était le suivant : des étudiants devaient accepter de participer à une expérience de psychologie qui se tiendrait de très bonne heure le matin. L'expérimentateur se présentait dans des salles de cours et prétendait rechercher des étudiants pour une étude sur les processus cognitifs dont la participation rapporterait un crédit de cours (un cumul de crédits de cours permet de ne pas suivre un cours donné, et ce sans avoir à passer d'examen). En situation contrôle, l'expérimentateur était sincère et disait que l'expérience commencerait à 7 heures du matin. En condition de *low-ball*, l'expérimentateur demandait s'il y avait des volontaires pour participer à une expérience de psychologie. Après qu'un sujet a accepté, l'expérimentateur l'informait alors que l'expérience aurait lieu à 7 heures du matin, puis il redemandait au sujet s'il consentait toujours à participer à l'expérience. Dans les deux conditions, on donnait au sujet le lieu et la date du rendez-vous pour l'expérience. La veille de ce rendez-vous, chaque sujet était contacté par téléphone pour le lui rappeler. Le taux d'acceptation de la requête, mais également le comportement des sujets, c'est-à-dire le nombre de personnes qui se sont effectivement présentées à 7 heures du matin devant la porte du laboratoire, ont été mesurés.

Non seulement ceux du groupe *low-ball* sont plus nombreux à accepter de venir, mais ils ont été également peu à ne pas tenir leur promesse.

	Contrôle	Low-ball
Acceptation verbale (en %)	31,0	56,0
Acceptation comportementale (en %)	24,0	53,0

Applications commerciales

Si vous pensez que le *low-ball* est difficile à utiliser pour vendre, vous vous trompez. En effet, vous pouvez penser que s'il y a contrat de vente, tout est clair dès le début, et que vous prenez votre décision d'acheter en toute connaissance de cause. Ne croyez pas si bien dire : des *low-ball* subtils se dissimulent tout autour de nous. Il suffit de comprendre comment fonctionne cette technique pour la découvrir dans de multiples procédures commerciales.

Un classique est de présenter un matériel avec toutes les options, par exemple une tondeuse avec son système de récupération automatique de l'herbe à un prix donné. Vous allez au magasin, et là vous apprenez qu'il s'agit d'une option, comme cela est bien spécifié, en tout petits caractères, sur votre prospectus. Une perceuse est présentée en première page d'un catalogue avec ses accessoires : regardez, et vous verrez souvent que, sous le prix affiché, il est bien spécifié que la perceuse est au prix de…, tandis que, en plus petits caractères, on mentionne que pour les accessoires, il faut vous rendre à la page 35 du document pour en connaître le prix. Des lames de terrasses en bois exotique sont vendues à un prix défiant toute concurrence. Elles sont susceptibles d'être vissées ou fixées par fixations invisibles. La photo les montre avec ce dernier mode de fixation, or le prix indiqué ne concerne que les 1 000 vis Inox. Évidemment, lorsque vous arrivez au magasin, la présentation grandeur nature est réalisée avec ces fixations invisibles qui rendent l'aspect de la terrasse tellement plus agréable, mais, hélas, ces fixations, vous vous en doutez, ne sont pas données. Vous trouvez également un *low-ball* derrière une présentation d'un produit d'une gamme qui offre le plus d'attrait, alors que le prix affiché est celui du modèle de la série en entrée de gamme.

Le but avoué de toutes ces méthodes de valorisation ou de présentation d'un produit est toujours le même : vous faire prendre une décision d'achat, en vous donnant l'illusion qu'elle constitue un avantage pour vous. Lorsque vous êtes dans le magasin, les avantages doivent être payés... Si vous aviez bien regardé, vous l'auriez vu, car la loi exige cette précision, mais il y a tant d'informations à traiter... Cette décision a été prise, et le renoncement à l'achat devient quasiment impossible.

Conclusion

Il est difficile de dire « non », une fois qu'on a déjà dit « oui », même si entre-temps la situation a changé. Rien n'est plus difficile que de renoncer à des décisions, même si elles ont été obtenues de manière peu louable. D'ailleurs, dans certaines circonstances, la force de la décision peut être telle que même si le solliciteur vous avoue qu'il a un peu menti, il y a de grandes chances que vous ne renonciez pas...

« En fait, je savais bien que Sandrine avait des examens, mais tu sais on a absolument besoin d'aide, et j'ai pas trouvé plus subtil pour te faire venir. Mais tu vas voir, ce sera une expérience formidable et il y aura d'autres filles super mignonnes.

— Super ! À samedi. »

Pourquoi avez-vous acheté
ces chaussures rouges,
alors que vous aviez besoin de bleues ?

Avec la technique du leurre, jamais la personne ne pourra faire ce qu'elle a décidé (produit non disponible) : elle devra se rabattre sur un autre choix (produit proche). Beaucoup d'entre nous sont victimes de l'effet du leurre sans, pour autant, soupçonner une quelconque technique d'influence. Nous créerions nous-mêmes les conditions pour en être victimes : il nous est tous arrivé d'acheter un produit que nous ne voulions pas dans une autre marque, parce que le modèle de la marque recherchée n'était pas disponible. Eh bien sachez que l'on peut facilement user de cette technique pour nous faire acquérir des choses que nous n'aurions même pas envisagé d'acheter, si cette technique n'avait pas été employée à notre insu.

On doit l'origine de cette technique d'influence à Joule et ses collaborateurs (1989). Leur objectif était que des étudiants donnent un peu de leur temps gratuitement pour participer à une expérience. Ils étaient abordés par l'expérimentateur qui prétendait conduire une recherche sur les émotions qui nécessitait des volontaires. Il s'agissait de visionner un film de 25 minutes, puis de répondre pendant 5 minutes à un questionnaire portant sur les scènes vues. Les participants seraient rémunérés 5 €. Les étudiants intéressés devaient décliner leur nom, et on leur communiquait une heure pour venir au laboratoire le lendemain ou le surlendemain. Une fois au laboratoire, un autre expérimentateur leur disait qu'il y avait un problème : il avait déjà achevé son expérience et n'avait pas pu prévenir celui qui les avait contactés à temps. Il ajoutait que, en revanche, s'ils étaient toujours intéressés, il y avait une autre expérience sur la mémoire qui nécessiterait une demi-heure de leur temps, mais que, malheureusement, celle-ci ne serait pas rétribuée. Évidemment, une condition contrôle, où l'on faisait uniquement la seconde proposition, a été introduite à des fins de comparaison.

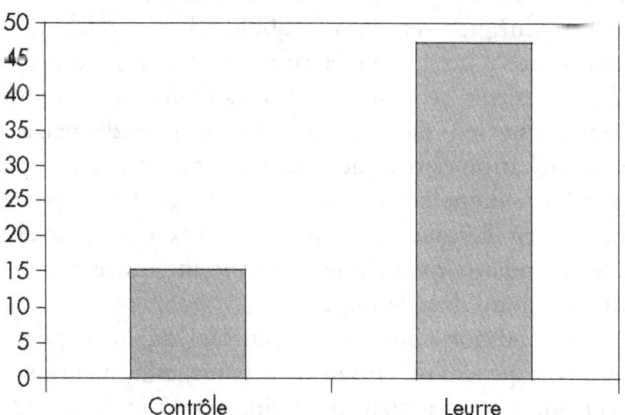

Taux d'acceptation de participation à l'expérience finale (en %)

Il y a près de 3 fois plus d'étudiants à avoir accepté de participer en condition de leurre. Tant qu'à être là pour rien, autant que cela serve à quelque chose !

Une application commerciale : la chaussure-leurre

Lorsque vous regardez la devanture de certains magasins de chaussures, vous avez sans doute remarqué qu'un modèle semble bénéficier d'une remise exceptionnelle, alors que ce ne sont pas les soldes. Séduit par ce modèle, vous décidez d'entrer dans le magasin. Méfiez-vous, peut-être êtes-vous en train de devenir la victime d'une technique justement destinée à vous faire entrer dans le magasin.

L'expérience ci-après, que nous avons menée dans un magasin de chaussures, a tenté de mesurer réellement l'effet de cette technique en situation commerciale (Guéguen et Jacob, 2008). Un modèle de chaussures pour femmes ayant bien fonctionné pendant plusieurs semaines, se trouvait mis en position centrale sur le présentoir de la devanture dudit magasin. Un carton esthétique le présentait avec son ancien prix barré d'une croix, puis la mention – 30 % apparaissait en dessous, et le nouveau prix était affiché. On attendait ainsi qu'une personne intéressée par ce modèle entre dans le magasin.

En condition contrôle, un écriteau, qu'on ne pouvait voir que si l'on entrait dans le magasin, mentionnait que seules restaient des pointures 35 et 36 ou 42 (des pointures faiblement présentes dans la cible de clientèle). Dans ce groupe, l'intérêt de la personne pour le modèle était mesuré par le comportement d'observation pour le modèle en devanture, le fait de se diriger vers le modèle à l'intérieur du magasin et une vérification finale par un questionnaire effectué à la sortie du magasin.

En condition expérimentale, aucune mention autre que celle placée en devanture sur la remise n'était portée, et la cliente devait attendre qu'une vendeuse s'occupe d'elle. Dès le contact établi, et l'intérêt de la cliente manifesté pour ce modèle, la vendeuse avait pour instruction de parler de ce modèle, tout en le prenant dans ses mains (« C'est un modèle qui a très bien fonctionné ce trimestre », « C'est un très bon choix », « Une chaussure très élégante »…). On attendait que la cliente s'exprime également, et la vendeuse répondait à ses questions. Si la cliente demandait à l'essayer, la vendeuse s'informait de sa pointure. C'est alors qu'elle se disait être désolée, qu'il ne lui restait plus que deux ou trois pointures en dessous ou en dessus, et que c'était pour cette raison que le modèle faisait l'objet d'une remise. Puis, elle attendait quelques secondes et demandait ensuite à la cliente si c'était bien ce type de modèle qui lui plaisait. Une fois la confirmation obtenue, la vendeuse lui apprenait qu'elle avait reçu, la veille, des nouveaux modèles de la même ligne et lui demandait si elle souhaitait les voir. À ce stade, on mesurait combien de clientes déclinaient l'offre et s'en allaient. Dans l'affirmative, la vendeuse présentait alors le modèle, et dès que la cliente l'interrogeait sur le prix, elle en mentionnait un qui était proche du niveau de prix de la chaussure-leurre avant remise. La cliente se faisait alors souvent confirmer qu'il n'y avait pas, bien entendu, de remise sur ce nouveau modèle. La vendeuse lui proposait d'essayer, et si la réponse était positive, elle procédait comme d'habitude. Les taux d'achat d'une paire de chaussures dans le groupe contrôle et le groupe expérimental ont été mesurés. Les résultats attestent de l'efficacité de la technique.

	Leurre	Contrôle
Taux de départ dès le constat que la pointure perso est indisponible (en %)	34,6 %	87,2 %
Taux d'achat d'une autre paire	25,7 %	7,4 %

La technique du leurre s'avère redoutablement efficace, puisque 1 personne sur 4 qui entre dans le magasin repart avec une paire de chaussures, contre moins de 1 sur 10 en condition contrôle. Si l'encadrement du vendeur n'a pas été le même dans les deux conditions, on constate que lorsque la personne découvre, après un laps de temps plus long et mieux occupé, que son produit convoité n'est pas disponible, une grande partie du processus de vente est déjà mise en œuvre.

À l'instar du *low-ball*, la technique du leurre est souvent utilisée, sans que vous vous en rendiez compte. Vous pouvez venir dans un magasin chercher un produit présenté dans un prospectus. On vous informe alors que le produit n'est plus en vente, qu'il n'y avait qu'un nombre limité (et c'est vrai, c'est écrit dans le prospectus). Comme par hasard, vous allez trouver un produit proche, plus attrayant, avec plus d'options… mais cette fois bien plus cher. Là encore, vous avez été victime d'un leurre utilisant une procédure un peu différente, mais qui aboutira peut-être au même résultat. Vous n'avez tout de même pas fait 50 kilomètres pour rien ! Vous avez pris la décision d'acheter ce produit, il est difficile de la remettre en question, et vous repartez avec quelque chose qui y ressemble et, certainement, avec une satisfaction similaire : c'est toute la force de cette technique.

Conclusion

Le fait d'avoir pris au préalable une décision montre bien qu'il est difficile de revenir en arrière, même si l'on constate qu'on ne pourra avoir la satisfaction recherchée. Avoir pris la décision d'acheter perdure dans le temps et prédispose le client insatisfait à trouver une autre source de satisfaction, même si, au final, celle-ci s'avère plus coûteuse.

Pourquoi avez-vous promis à Paul de lui offrir ce camion de pompiers pour Noël ?

Pied-dans-la-porte, *low-ball*, leurre…, autant de techniques capables de nous amener à adopter certains comportements que nous n'aurions pas accomplis, si elles n'avaient pas été utilisées. On peut s'interroger : pourquoi et comment peut-on obtenir ces comportements avec des « trucs » aussi simples ?

Là aussi, la chose est simple. Il y a en nous une forme de pression interne qui nous pousse à ne pas renoncer à nos décisions ou à agir de manière cohérente. Cette pression à l'action et à la cohérence a été appelée par les théoriciens de la psychologie sociale l'« engagement ».

La théorie de l'engagement

Selon Kiesler, théoricien de l'engagement, l'engagement se définirait comme le lien qui unit l'individu aux actes qu'il accomplit ou aux décisions qu'il prend.

Ce lien aboutit à une interprétation de la part de l'individu, or ce qui facilite la cohérence comportementale chez cet individu peut se transformer en une arme de manipulation. En effet, s'il est légitime qu'un individu agisse de manière cohérente, c'est-à-dire qu'il accomplisse des actes toujours dans le même sens, il faut aussi savoir que cette rhétorique comportementale le prédispose à être influencé : il suffit qu'on lui fasse prendre une décision ou adopter un comportement. Lorsqu'un individu est responsable, libre de ses actes, qu'il n'est pas rétribué pour effectuer telle chose et que, néanmoins, il le fait, c'est qu'il pense intimement que cet acte correspond à ce qu'il recherche, est en lien avec sa personnalité, avec ce qu'il souhaite intimement réaliser. Le comportement aide à justifier pourquoi on se comporte de cette manière (je le fais, parce que je l'ai toujours fait).

Ce lien comportement-individu permet d'avoir chaque jour des êtres qui s'occupent bien de leur maison, de leurs enfants, de leurs relations avec leurs amis, leurs parents, leurs collègues... Si son utilité en matière de cohésion sociale est indéniable et essentielle, il ne faut pas se voiler la face : un tel processus possède aussi son corollaire favorisant la manipulation. En effet, le lien entre le comportement, ou une décision de se comporter, et l'individu est si fort qu'il suffit, en réalité, de faire produire un comportement quelconque pour que ce lien s'établisse et que l'individu agisse de manière cohérente avec ce premier comportement.

Applications commerciales

L'engagement peut permettre à celui qui en maîtrise les fondements théoriques et pratiques une multitude d'applications qui influenceront le comportement du consommateur.

Faire prendre une décision, faire adopter un petit comportement est une façon de déclencher de tels engagements commerciaux, comme on l'a vu avec le pied-dans-la-porte. D'autres méthodes plus classiques relèvent également de l'engagement : par exemple, essayer gratuitement un véhicule, ou se voir remettre un échantillon gratuit également (la personne va le tester). Dans un magasin de vêtements ou de chaussures, on sait que si le vendeur parvient à vous faire chausser tel modèle ou porter tel vêtement, cela est plus favorable à la vente. Offrir la possibilité de goûter quelque chose, et notamment par un démonstrateur (sentiment de liberté associé à l'acte), suscite l'engagement. Avoir la possibilité de tester quelque chose dans un magasin est aussi un facteur engageant (un accès Internet au rayon TIC, un caméscope ou un appareil photo). Faire prendre en main est aussi efficace, mais il ne faut pas que cela soit perçu comme imposé. Faire cliquer sur un lien, faire gratter un ticket de jeu, faire venir pour recevoir un cadeau, demander son avis…, bref toute situation où la personne accomplit un acte, le plus insignifiant soit-il en apparence, est engageant.

Cialdini (2004) a décortiqué la méthode employée par certains industriels du jouet. Ces industries sont souvent confrontées à des problèmes de trésorerie en début d'année (janvier et février), dans la mesure où leurs ventes sont en très nette diminution. On comprend aisément qu'après l'orgie des dépenses de Noël, les gens soient réticents à acheter des jouets dans les semaines qui suivent. L'une des parades consiste, à grand renfort de publicité, à présenter un produit particulier dans les semaines qui précèdent Noël afin de créer un fort appel de la part des enfants. Les parents essaient toujours de faire plaisir à leurs enfants en choisissant des jouets dont ils ont envie. Pour les plus petits, la lettre au Père Noël est d'ailleurs une bonne source d'inspiration. Les parents s'engagent implicitement envers leur progéniture, même parfois explicitement, à acquérir le jouet convoité par l'enfant. Toutefois, les industriels, qui ont anticipé cet engagement, se « débrouillent » pour que le jouet cible soit distribué au compte-gouttes. Dans le même temps, ils n'hésitent pas à proposer d'autres jouets tous plus attrayants les uns que les autres. Après plusieurs essais infructueux dans la recherche de ce jouet si rare, les parents voyant le 25 décembre approcher à grands pas n'ont pas d'autre solution que d'acheter autre chose à leur enfant. Puis, les fêtes étant passées, on refait une courte campagne de communication sur ce produit, on l'expose à profusion dans des endroits stratégiques. Le réflexe immédiat de l'enfant sera de demander ce jouet qui avait recueilli sa préférence quelques semaines plus tôt. Le père ou la mère sont à nouveau confrontés à la pression de cet engagement initial (il est même possible que certains enfants rappellent explicitement cet engagement : « tu m'avais promis »). Le parent n'a plus d'autre solution que de l'acheter.

Conclusion

L'engagement à des fins d'influence du comportement de consommation peut être utilisé de multiples manières. D'ailleurs, la force de ce facteur est telle qu'elle a conduit aujourd'hui à travailler sur ce que l'on appelle des messages engageants. On parle à ce titre de communication engageante, où l'on va chercher, à travers un message, à faire accomplir un acte, à prendre une décision ou encore à activer le sentiment de liberté de décision. Nous avons vu avec l'emploi de l'évocation sémantique de la liberté que l'on pouvait obtenir de personnes des comportements spécifiques. Or, le sentiment de liberté est un facteur engageant. Ce concept peut passer par des mots, donc à travers un message.

IX

COMPORTEMENT NON VERBAL DU PERSONNEL ET EFFET SUR LE CLIENT

46

Savez-vous que si vous êtes resté plus longtemps dans ce magasin, c'est parce que le vendeur vous a effleuré le bras ?

Le toucher est si présent dans notre quotidien que nous l'oublions, sans doute parce que c'est le sens que le poids des ans altère le moins. Il est le sens social par excellence. Si l'ouïe, l'odorat et la vue peuvent être utilisés pour influencer le comportement du consommateur (voir partie 2), le toucher, par exemple par une fugitive sensation de pression sur notre épiderme, peut, sans que nous nous en rendions compte, influencer notre comportement et notre évaluation d'autrui ou de notre environnement.

Si la poignée de main conclut parfois une phase de négociation commerciale, il est rare que le moindre contact tactile ait lieu entre un vendeur ou tout autre employé d'un magasin et les clients. Dommage, nous dit la recherche, car pour peu qu'il soit bien maîtrisé, le contact tactile peut avoir des effets positifs sur le comportement du consommateur et les évaluations qu'il fera du personnel ou du magasin.

Le travail expérimental mené par Hornik (1992) apporte la preuve de ce qu'il est convenu d'appeler aujourd'hui l'influence du contact tactile. Son expérience impliquait plusieurs centaines de clients et clientes d'un magasin d'une grande ville ayant annoncé des soldes deux jours auparavant. Lorsqu'un client seul entrait dans le magasin, l'expérimentateur, un homme ou une femme formé(e) pour la circonstance et présentant l'allure d'un employé du magasin, l'abordait et lui remettait un petit catalogue présentant les produits en promotion. Selon le cas, cet(te) employé(e), pendant cette brève interaction, touchait pendant 1 à 2 secondes le bras du client, ou ne le touchait pas. L'employé(e) lui remettait également un coupon de parking. Au moment où le client s'apprêtait à demander le ticket permettant de récupérer sa voiture garée dans le parking du magasin, un autre expérimentateur invitait le client à remplir un petit questionnaire destiné à évaluer le magasin. Sans que le client le sache, on avait également mesuré le temps qu'il avait passé dans le magasin et le montant d'achats qu'il avait effectué.

	Touché	Non Touché
Temps moyen passé dans le magasin (en minutes)	22,11	13,56
Montant moyen des achats (en $)	15,03	12,23
Évaluation du magasin (> = plus favorable)	3,2	2,1

Dans toutes les comparaisons entre les deux conditions (toucher/pas de toucher), on constate un effet du contact. Le toucher a amené les clients à passer plus de temps dans le magasin, et ce dernier a été évalué plus positivement. En outre, le panier moyen du client a été plus important en condition de contact.

Toucher 2 fois

Dans l'expérience ci-dessus, on a montré un effet avec un seul contact mais la recherche semble montrer que la répétition du contact tactile renforce son efficacité.

Vaidis et Halimi-Falkowicz (2008) ont abordé des personnes dans la rue afin de participer à une enquête sur la décoration qui durait 10 minutes. L'enquêteur touchait ou pas la personne sur le bras au début de l'interaction juste au moment où la personne était abordée. Dans une condition où il y avait deux contacts, l'enquêteur retouchait la personne au moment de la formulation de la requête. Les résultats montreront qu'en l'absence de contact, 30 % des personnes ont accepté de participer à l'enquête, 43 % ont accepté quand un contact tactile était utilisé et enfin 58 % lorsqu'il y avait eu deux contacts. Il semble donc que la répétition du contact renforce l'efficacité de cette technique.

Conclusion

Pour un premier contact, on peut voir que cela s'est bien passé. Un comportement anodin, facile à produire, permet d'obtenir une augmentation substantielle des achats et une perception plus positive du lieu d'achat. Cet effet apparaît d'autant plus efficace et étonnant que rien n'a été explicitement demandé par celui qui a fait ce contact tactile à la personne touchée.

47

Le fait que le vendeur vous a touché le bras vous a-t-il poussé à acheter ce nouveau fromage ?

Si le toucher incite les personnes à passer plus de temps dans un magasin et à acheter plus, les besoins basiques de consommation, tels que manger ou boire, sont aussi affectés par le contact tactile d'une personne. C'est ce que confirment certaines recherches.

Dans l'expérience menée par Smith, Gier et Willis (1982), un démonstrateur de pizzas se tenait à l'entrée d'un magasin afin de faire goûter son produit aux personnes qui y pénétraient. Il abordait poliment un client et lui proposait de goûter un échantillon de pizza. Selon le cas, le démonstrateur touchait fugitivement ou ne touchait pas la personne, tout en formulant sa requête. Après que le sujet avait quitté le stand en ayant accepté de goûter l'échantillon de pizza, une autre personne l'abordait à nouveau en lui demandant de donner son avis sur la pizza qu'il venait de goûter. Cette évaluation s'effectuait à l'aide d'une échelle allant de 1 (notée « pas bonne ») à 10 (notée « très bonne »). Le client était ensuite remercié, et il pouvait déambuler à travers les rayons à son aise. À son insu, toutefois, l'un des expérimentateurs le suivait discrètement, afin de vérifier s'il achetait ou non la pizza présentée.

Le toucher incite plus favorablement les personnes à goûter le produit présenté, mais les incite également à acheter le produit. Ces différences apparaissent totalement indépendantes de l'évaluation du produit, puisque les deux groupes présentent une moyenne d'évaluation de la pizza quasi identique (8,65 en condition de toucher contre 8,57 en condition contrôle). Cela tend donc à prouver que le comportement d'achat du sujet n'est pas influencé par une perception différenciée de la qualité gustative du produit. L'effet du toucher réside plus dans la nature d'une différenciation du rapport social qu'un tel contact génère.

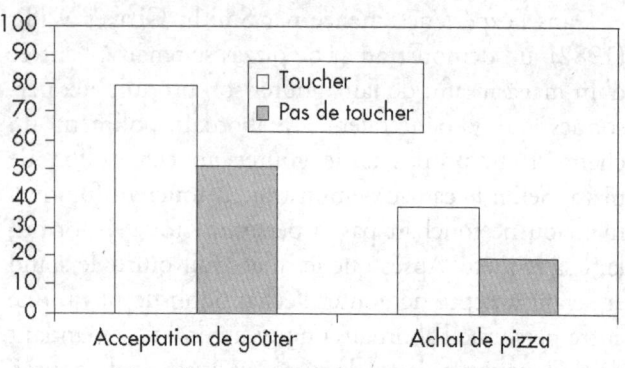

Taux d'acceptation de la requête (en %)

Les résultats de cette recherche réalisée aux États-Unis ont été confirmés dans un autre pays, Israël, par

Hornik (1992). Il s'agissait en l'occurrence de faire goûter des gâteaux apéritifs. 85 % des clients ont accepté de goûter en condition de contact tactile contre 65 % en l'absence d'un tel contact. Le taux d'achat s'est élevé à 64 % en condition de toucher contre 45 % en condition contrôle, soit plus de 40 % d'acheteurs supplémentaires, comme précédemment. Une telle augmentation laisse rêveur d'autant que, dans un autre contexte de vente, le même effet a été observé. Nous avons montré (Guéguen, 2001) qu'un démonstrateur de produits d'apéritif (condiments macérés dans diverses sauces épicées) sur un marché de plein air (le bien sympathique marché de Vannes qui se déroule le samedi matin) obtient les mêmes effets : 46 % des gens touchés goûtent le produit contre 35 % en condition contrôle, et parmi ceux qui ont accepté l'offre, 38 % achètent le produit proposé contre 28 % en condition contrôle. Ici encore, le nombre d'acheteurs a augmenté de plus d'un tiers.

On mange plus, mais on boit également plus, lorsqu'on nous invite à le faire avec un contact tactile. Kaufman et Mahoney (1999) l'ont démontré dans des bars américains avec une mesure du comportement du consommateur particulièrement originale.

L'expérience de Kaufman et Mahoney (1999) impliquait des couples de clients de bars assis à des tables. Cinq serveuses ont tenu le rôle de compères. Chaque serveuse approchait un couple. Elle s'adressait tout d'abord à celui qui ne serait pas touché (membre secondaire) en lui demandant ce qu'il désirait prendre, puis elle s'adressait à l'autre (membre principal) en lui soumettant la même demande. Selon le cas, en formulant cette demande, la serveuse touchait, ou non, la personne sur l'épaule 1 à 2 secondes. Aucune autre interaction tactile n'avait lieu par la suite. La consommation des sujets était alors mesurée et convertie en onces de bière (équivalent d'alcool contenu dans environ 30 centilitres de bière).

Moyenne de la consommation d'alcool
(en onces de bière)

Condition toucher		Condition sans toucher	
Membre principal	Membre secondaire	Membre principal	Membre secondaire
28,9	24,9	20,6	21,5

Le client touché a plus consommé, mais c'est aussi le cas pour son vis-à-vis. Cette expérience met en évidence la force d'impact du toucher, car le client touché a dû également faire preuve de persuasion pour inciter l'autre personne à consommer plus.

Conclusion

À plusieurs reprises, dans des lieux différents et pour des modes de consommation différents, on observe qu'un simple contact tactile affecte le comportement du consommateur. Il n'a pas besoin d'être répété, puisque de longues minutes peuvent s'écouler entre le moment où la personne a été touchée et le moment où elle a à prendre une décision d'achat ou de commande. Cela renseigne sur la force de cet effet mais nous permet aussi de penser que ce qui est activé par le toucher semble quasi instantané.

48

Savez-vous que vous laisserez un plus gros pourboire au serveur s'il vous a touché le bras pendant votre repas ?

Dans un restaurant, un client satisfait du service récompense le personnel de multiples manières, en donnant un pourboire mais aussi en revenant dans ce restaurant, en le suggérant à d'autres personnes… Un chercheur américain (Lynn, 2003) a constaté que, contrairement à une idée reçue, ce n'est pas la qualité de la nourriture ou certains aspects du service (rapidité) qui ont le plus d'impact sur la perception du restaurant ou du personnel. Souvent, c'est la nature des interactions sociales avec les serveurs ou les serveuses qui est fondamentale. Un contact tactile fugitif peut s'avérer utile pour renforcer l'évaluation d'un restaurant et de son personnel. Du coup, la plupart du temps, ce personnel sera plus volontiers récompensé.

Dans une recherche réalisée en Israël, Hornik (1992) a mesuré, auprès de couples dînant dans un restaurant, l'impact du contact tactile d'un serveur. À la fin du repas, le serveur s'assurait que tout s'était bien déroulé et se débrouillait pour toucher le bras de l'une des personnes pendant 1 seconde. Lorsque les clients quittaient le restaurant, l'expérimentateur, qui attendait à la sortie, leur demandait de répondre à un questionnaire constitué d'échelles permettant d'évaluer le serveur (bon/pas bon) et le restaurant (qualité supérieure/inférieure).

Moyenne des taux de pourboires et des évaluations du serveur et du restaurant selon la condition expérimentale

	Toucher	Pas de toucher
Proportion du pourboire laissé au serveur (en % par rapport au montant de la note)	17,68	14,50
Évaluation du serveur (+ 4 = très bon)	3,16	2,24
Évaluation du restaurant (+ 4 = supérieur)	2,77	2,18

Encore une fois, les conditions de toucher et d'absence de toucher sont statistiquement différentes, et ce pour chacune des variables mesurées. De plus, une corrélation positive est observée entre le taux de pourboire et l'évaluation du serveur : plus l'évaluation a été bonne, plus le serveur a eu des pourboires élevés.

L'expérience de Hornik (1992) est l'une des nombreuses recherches ayant souligné l'influence du contact tactile sur les pourboires. Ici, le serveur était un homme, mais on a également démontré qu'une serveuse touchant un client ou une cliente a vu ses pourboires augmenter (Crusco et Wetzel, 1982 ;

Stephen et Zweigenhaft, 1986), ou que le fait de toucher l'avant-bras, l'épaule ou la main du client se répercute sur le montant des pourboires. En outre, lorsqu'un client plus jeune est touché, cela tend à accroître encore plus l'effet du toucher comparativement à des clients plus âgés (Lynn, Le et Sherwynn, 1998). Si tous ces travaux ont été conduits, pour la plupart, dans des restaurants américains, une étude similaire a été menée en France dans un bar, et le même phénomène s'est vérifié : le premier contact tactile émis par un serveur a contribué à augmenter le nombre de personnes qui lui octroyaient un pourboire (Guéguen et Jacob, 2005).

Conclusion

Le fait de donner un pourboire peut être considérablement et positivement influencé par un contact tactile. Dans le cadre d'une relation de service plus intime, le contact tactile joue son rôle de renforcement de la relation sociale. Cela expliquerait d'ailleurs pourquoi, en condition de toucher, l'évaluation du serveur est meilleure. Le toucher induirait une évaluation plus positive du serveur ou de la serveuse, ce qui, en retour, conduirait à lui attribuer une récompense plus importante pour son travail.

49

Savez-vous que vous choisirez sûrement le plat du jour que le serveur vous a recommandé, s'il vous a en même temps touché le bras ?

Un serveur qui vous touche obtient plus de pourboires, et votre évaluation est positive. Peut-on aller encore plus loin et se servir de ce potentiel d'influence du toucher pour vous orienter à commander tel plat ? Apparemment, c'est possible…

Dans la recherche que nous avons menée (Guéguen, Jacob et Boulbry, 2007), les serveurs et serveuses d'un restaurant proposant surtout du poisson et des fruits de mer sur sa carte, accueillaient, comme de coutume, les clients. En leur apportant la carte, ils faisaient, dans certains cas, une suggestion au client, en lui conseillant le plat du chef : la choucroute de poissons. Selon le cas, également, tout en faisant cette suggestion, le serveur ou la serveuse touchait l'avant-bras du client ou de la cliente 1 à 2 secondes. Le serveur ou la serveuse laissait alors le client se décider, et aucun autre contact n'avait lieu par la suite.

Si la suggestion émise par le serveur a un impact sur son choix, celle-ci est d'autant plus suivie (près de

6 clients sur 10 tout de même), lorsqu'elle est accompagnée par un contact tactile.

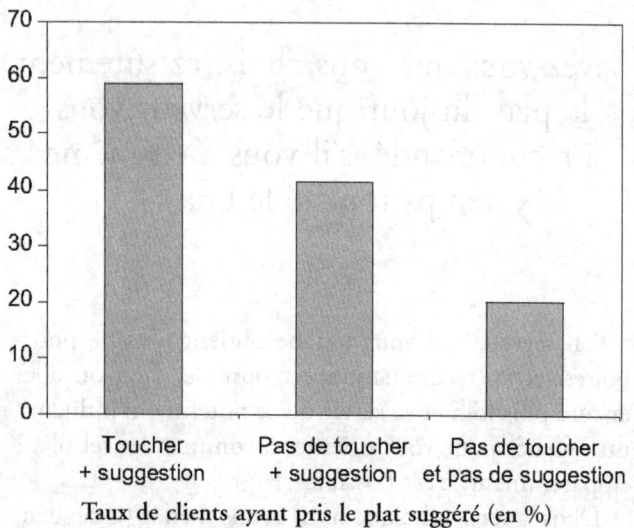

Taux de clients ayant pris le plat suggéré (en %)

Conclusion

Un comportement anodin peut orienter le choix d'un consommateur vers tel ou tel produit. Vraisemblablement, les travaux montrant une évaluation plus positive d'un serveur lorsqu'il touche un client trouvent un autre corollaire comportemental. Le contact tactile pourrait bien accroître la confiance que le client porterait au serveur, qui, du coup, se laisserait plus facilement convaincre par sa proposition.

Pourquoi une serveuse a-t-elle plus de gros pourboires si elle sourit que si elle a l'air renfrogné ?

Le sourire est une caractéristique comportementale propre à l'être humain. Plus encore que tout autre comportement non verbal, il participe activement à nos relations sociales quotidiennes. Celui ou celle qui veut l'utiliser à bon escient y trouvera des avantages. Mais, attention, il y a sourire et sourire !

L'expérience de Tidd et Lockard (1978) s'est déroulée dans un bar très chic et a impliqué la réaction au sourire de plusieurs dizaines de clients, hommes et femmes, ayant commandé une seule boisson. Une jeune serveuse de l'établissement avait reçu pour instruction, au moment où elle remettait la boisson commandée par la cliente ou le client, de sourire. Selon le cas, le sourire était un sourire qualifié soit de minimal (mouvement des lèvres mais pas mise en évidence des dents), soit de large (sourire avec dents largement découvertes). Une fois son service accompli, la serveuse s'en allait et passait à un autre client. Aucune autre interaction n'avait lieu entre elle et le client. Après le départ du client ou de la cliente, le montant des pourboires consentis à la serveuse était mesuré.

Il est manifeste qu'un large sourire s'avère plus rentable pour la serveuse, notamment si celui-ci est dispensé à un homme. Dans ce cas, on note une augmentation de près de 3 fois la valeur du pourboire moyen consenti.

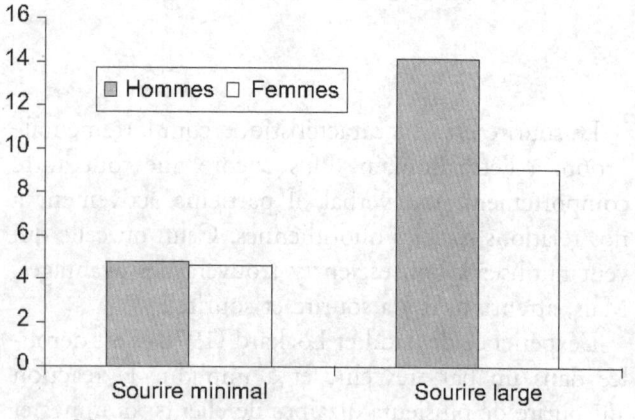

Montant moyen du pourboire consenti (en $ US)

Un sourire large est donc plus efficace que le minimum légal attendu lors d'un sourire. Si cette recherche montre un effet comportemental du sourire, il faut tout de même souligner que les travaux dans ce domaine ne se bousculent pas. Pourtant, ceux qui existent ont abouti à des conclusions intéressantes. Par exemple, dans certaines circonstances, il vaut mieux un sourire minimal que pas de sourire du tout. Nous avons montré (Guéguen et Fischer-Lokou, 2004) qu'un autostoppeur ou une autostoppeuse souriante (sourire sans découvrir les dents) a plus de probabilités qu'un automobiliste s'arrête (14,0 %) qu'en l'absence de sourire (8,3 %) – ici aussi, le sourire d'une femme s'est avéré plus « productif ». Dans une autre recherche, un mail était adressé à des inconnus sur le web afin de les inciter à répondre à une enquête assez longue (45 questions sur leur comportement alimentaire) : un taux de réponse plus élevé était enregistré, lorsque la photo du demandeur qui accompagnait le mail le présentait avec un large sourire plutôt qu'un sourire basique (Guéguen, soumis).

Conclusion

Facile à produire, fréquent dans nos relations sociales, le sourire n'en perd pas moins de sa force persuasive. Toutefois, nous avons aussi pu voir que les choses ne sont pas simples et que sourire ne suffit pas : encore faut-il savoir quel sourire dispenser. Qu'un vendeur doit sourire à un client va de soi, mais comment, à quel moment, en associant quoi à ce sourire ? Autant d'interrogations sur lesquelles la recherche doit se pencher.

51

Pourquoi êtes-vous plus réceptif à une demande lorsqu'on vous regarde dans les yeux ?

« Il me fuyait du regard », « Je l'ai lu dans ses yeux », « Il m'a imploré des yeux », « Elle a un regard méprisant », « Il me paraît louche »… Comme pour le toucher et le sourire, le regard dispose d'une panoplie d'interprétations et d'expressions, ce qui laisse à penser qu'il peut avoir une influence sur le comportement. Là encore, la recherche en sciences du comportement montre que ce facteur a un effet sur le jugement et le comportement.

Kleinke (1977) est le premier chercheur à avoir expérimenté l'effet du regard sur la soumission à une requête. Dans une première expérience, une jeune femme compère plaçait de la monnaie sur la tablette de cabines téléphoniques et s'en allait. Elle attendait qu'une personne entre dans la cabine puis en ressorte en ayant pris l'argent. À ce moment, elle l'abordait en lui disant qu'elle pensait avoir oublié de l'argent dans la cabine quelques minutes auparavant et lui demandait si celle-ci l'avait trouvé. En formulant cette demande, soit elle regardait de manière soutenue la personne, soit elle détournait les yeux. Dans une seconde expérience, la même jeune femme compère abordait un passant dans la rue en lui demandant si elle pouvait lui donner une « petite pièce ». Selon le cas, en formulant cette demande, soit elle le regardait de manière soutenue, soit elle ne le regardait pas. Les taux d'acceptation qui ont été obtenus pour les deux sollicitations sont présentés dans le graphique ci-après.

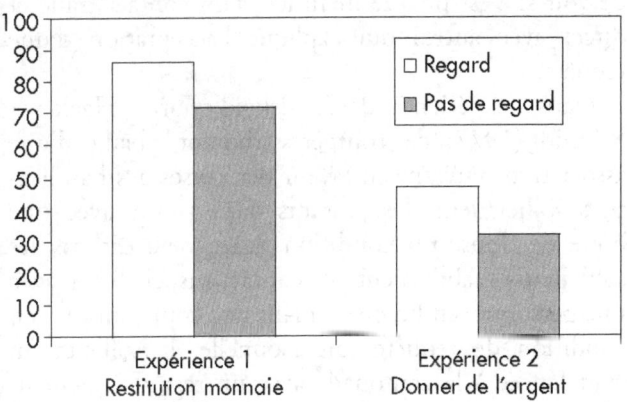

Taux d'acceptation de la requête (en %)

De manière générale, le regard contribue donc à augmenter le taux d'acceptation d'une requête. On sait maintenant qu'il conduit à impliquer davantage la personne dans son comportement. Ainsi, Bull et Gibson-Robinson (1981) ont mis en évidence que le montant moyen des dons accordés à une organisation humanitaire est plus important, lorsque le solliciteur regarde la personne sollicitée pendant la formulation de sa requête (29,2 pences), que lorsqu'il regarde sa boîte de collecte (17,0 pences).

Les recherches présentées précédemment comparent l'effet du regard comparativement à une situation où le sujet n'est pas ou peu regardé. Toutefois, toutes les situations sociales ne sont pas de cette nature, et lorsque l'interaction est plus longue, il est difficile de ne pas avoir de contact visuel, les yeux dans les yeux, avec un sujet. Des recherches ont été effectuées afin de voir si c'est bien le maintien d'un contact franc et direct avec autrui qui explique l'acceptation d'une requête.

Dans l'expérience de Lindskold, Forte, Haake et Schmidt (1977), des compères arborant le badge d'une association œuvrant en faveur des personnes handicapées sollicitaient des passants dans la rue avec une boîte de dons. En condition de requête directe, les solliciteurs établissaient un contact visuel direct avec une personne, en lui demandant une contribution ; en condition de requête impersonnelle, la sollicitation était lancée à la cantonade avec un regard également à la cantonade. Plus de 3 000 personnes ont été testées, les résultats obtenus (page suivante) ont dépassé toutes les espérances.

L'efficacité du contact est indéniable. Il reste que cette situation était toutefois un peu impersonnelle. Lorsqu'une relation est plus personnelle, il est difficile d'éviter de regarder autrui. On peut donc se demander si le moindre contact visuel suffit, ou si le maintien du regard est une condition nécessaire à l'obtention du comportement recherché chez le sujet.

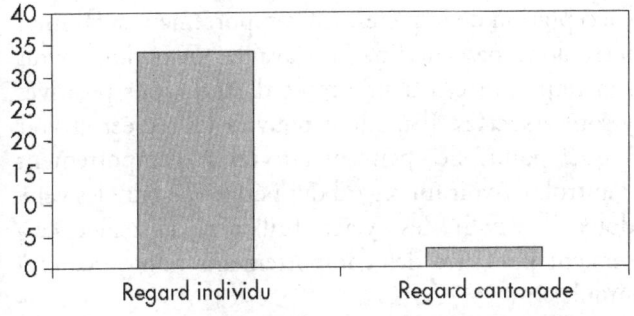

Taux de donateurs selon regard (en %)

Guéguen et Jacob (2002) ont cherché à le savoir, en testant l'impact du regard dans le cadre d'un nouveau type de requête. Un compère se faisait passer pour un étudiant et demandait à une personne si elle acceptait de répondre à un questionnaire dans le cadre d'un exercice lié à sa formation. Selon le cas, en formulant cette requête, soit le compère regardait la personne dans les yeux, soit il avait un regard fuyant (dès que ses yeux rencontraient ceux du sujet, il regardait ailleurs). 66 % des personnes sollicitées ont consenti à la requête, lorsque le compère les avait regardées dans les yeux contre 34 % en condition de regard fuyant. Il semble donc que c'est bien un regard soutenu qui prédispose à l'aide.

Conclusion

Indubitablement, le fait de regarder autrui et la nature même du regard exercent un effet positif sur l'acceptation de requêtes. Ce comportement si familier n'est donc pas anodin. Le travailler peut donc avoir son importance, car une foule d'expressions positives y sont associées. Il faudrait pouvoir les recréer et voir à quel point elles peuvent affecter le comportement d'autrui. « Avoir un regard qui pétille », « faire les yeux doux », « avoir les yeux brillants d'intelligence » seraient peut-être des comportements non verbaux à simuler ?

52

Pourquoi les gens ont-ils une image positive de vous si vous les regardez dans les yeux ?

Le regard a une importance réelle sur le comportement d'autrui. Les chercheurs ont donc cherché à savoir ce qui pouvait expliquer cet effet. Comme pour le sourire, il semble que le regard affecte la perception de notre interlocuteur : nous ne le voyons plus avec le même regard. Des travaux ont montré que l'on apprécie plus favorablement ceux qui nous regardent et notamment ceux qui nous regardent durablement.

Ellsworth et Carlsmith (1968) ont réuni, dans un entretien individuel de 10 15 minutes, un interviewer/expérimentateur et une personne. Tous deux se trouvaient assis face à face à environ 1,20 mètre. Le thème de l'entretien était une vaste enquête sur l'effet du rang de naissance sur la personnalité, notamment l'effet d'être le premier enfant ou le dernier. Tout ce que disait l'interviewer était identique. Selon le cas, il regardait le sujet souvent (20 fois 5-8 secondes dans les yeux) ou peu souvent (4 fois 5-8 secondes dans les yeux et 16 fois 5-8 secondes en direction des oreilles du sujet). À la fin de l'entretien, on remettait à la personne un questionnaire et on lui demandait d'y répondre à son domicile et de le glisser dans l'une des boîtes aux lettres prévues à cet effet. Ce questionnaire contenait des échelles d'évaluation concernant l'entretien et l'interviewer.

**Moyennes des évaluations de l'interviewer
et de l'entretien
(scores supérieurs = évaluation plus positive)**

	Interviewer	Entretien
Regard	6,05	5,80
Pas de regard	4,80	5,04

Dans les deux cas, une évaluation plus positive est observée lorsque la fréquence des regards a été la plus importante. Il existe, en outre, une forte corrélation positive entre les deux mesures. C'est donc bien le regard qui amène à juger de façon plus positive la personne et le contexte.

Même dans les situations où le sujet n'est pas en interaction avec celui qui le regarde, on constate des effets similaires sur l'évaluation.

Brooks, Church et Fraser (1986) ont invité des personnes à regarder une vidéo présentant une situation où une personne était interviewée par une autre. La vidéo ne comportait pas de bande-son. On précisait à l'observateur que l'objectif était de voir comment il se formait une impression sur autrui rien qu'en observant son comportement. La séquence, qui durait 1 minute, était filmée de manière qu'on puisse voir où la personne interviewée regardait. Selon les groupes d'observateurs, on pouvait voir que pendant 5, 30 ou 50 secondes sur les 60 d'interaction, la cible regardait l'interviewé. Dans les autres cas, elle regardait ailleurs. On demandait ensuite au sujet d'évaluer cette personne à l'aide d'échelles composées de paires d'adjectifs (sociable/asocial, égoïste/généreux...). Les résultats ont mis en évidence un lien linéaire entre le temps de regard vers l'interviewer et l'évaluation : plus le temps passé à regarder ce dernier est important, plus le sujet est jugé comme sociable, généreux, rationnel, honnête et digne de confiance. En outre, les évaluations ont été les plus négatives, lorsque la cible n'a regardé son interlocuteur que pendant 5 secondes.

Ces résultats obtenus par une simple observation ont été vérifiés dans de nombreuses recherches. Droney et Brooks (1993), en utilisant la même méthodologie, ont montré que la personne est évaluée comme ayant une meilleure estime de soi, un meilleur self-control, lorsqu'elle regarde longuement son interlocuteur.

Conclusion

Le fait de regarder autrui génère une perception plus positive. On comprend mieux les expressions comme « avoir un regard franc », « avoir le regard fuyant »... Nos interactions sociales nous ont conduits à attribuer du sens à certains comportements non verbaux, ce qui affecte notre évaluation d'autrui et, par conséquent, notre comportement envers la personne. Ce n'est pas qu'un simple regard.

53

Pourquoi un serveur doit-il se pencher légèrement vers ses clients ?

La posture du corps a été peu étudiée. Elle peut néanmoins avoir son impact, car, un employé, en se penchant vers un client, peut ainsi diminuer la distance qui les sépare et favoriser un sentiment d'intimité, de familiarité. Le jugement du client serait plus positif, et il y a fort à parier que l'employé y gagnerait.

Davis et ses collaborateurs (1998) ont réalisé une vaste recherche dans des restaurants américains, où étaient impliqués pas moins de 28 serveurs et serveuses et où était analysé le comportement de près de 10 000 clients. Lorsqu'ils prenaient la commande, les serveurs et serveuses avaient pour instruction, à des moments définis, de se tenir soit droit, soit penché(e)s vers le client. Pour le reste, ils agissaient comme à l'accoutumée (voir page suivante.)

Si la différence entre les deux moyennes peut paraître faible (2 %), il faut voir que, potentiellement, cela représente une augmentation des revenus des pourboires de près de 15 %, ce qui n'est guère négligeable, lorsqu'on sait qu'aux États-Unis, les pourboires

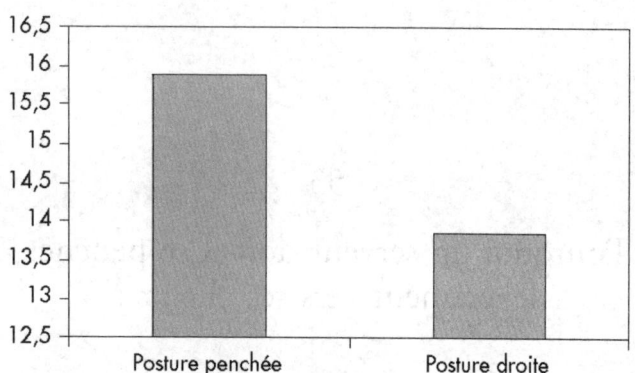

Taux moyen de pourboire accordé (en % par rapport au montant de la note)

des serveurs et serveuses représentent plus de 70 % de leurs revenus.

Conclusion

Le fait de se pencher s'avère rentable pour un serveur ou une serveuse. La posture penchée conduirait à une meilleure appréciation du serveur, ce qui aurait pour conséquence d'inciter le client à mieux le récompenser.

Des résultats identiques avaient déjà été obtenus dans une recherche plus ancienne effectuée par Lynn et Mynier (1993), mais qui testait moins de clients. Ces deux chercheurs avaient même démontré un effet de la posture obtenue par une serveuse qui était persuadée que cela n'avait aucune incidence, puisque la moyenne des pourboires qu'elle avait récoltés était passée de 2,56 à 3,28 $.

Un bel effet pour un comportement facile à produire.

X

Les caractéristiques du vendeur

54

Pourquoi quelqu'un d'attrayant physiquement a-t-il plus de chances de voir sa demande aboutir qu'une personne moins jolie ?

L'influence de l'attrait physique est très étudiée en psychologie depuis près de trois décennies. Toutefois, peu de recherches ont porté sur l'influence de la beauté d'un solliciteur sur le comportement des individus sollicités. Peu de travaux sur ce thème ont été entrepris dans le domaine du comportement du consommateur. Pourtant, il est clair que ce facteur a une incidence et qu'il pourrait être pertinent de l'intégrer dans les procédures de sélection du personnel de vente ou qu'une formation à la gestion de son image physique fasse partie de l'arsenal de formation des vendeurs.

Une expérience menée en 1993 par Reingen et Kernan, deux chercheurs américains, a impliqué plusieurs centaines de personnes. Des compères, hommes et femmes, sollicitaient des personnes à l'extérieur, en leur demandant de donner un peu d'argent pour une association en faveur des maladies cardio-vasculaires. Ces compères, qui jouaient le rôle de solliciteurs, avaient été sélectionnés au préalable pour leur attrait physique. Selon le cas, ces personnes étaient considérées, ou non, comme physiquement attrayantes. Le taux de donateurs, en fonction de l'attrait, a été le suivant :

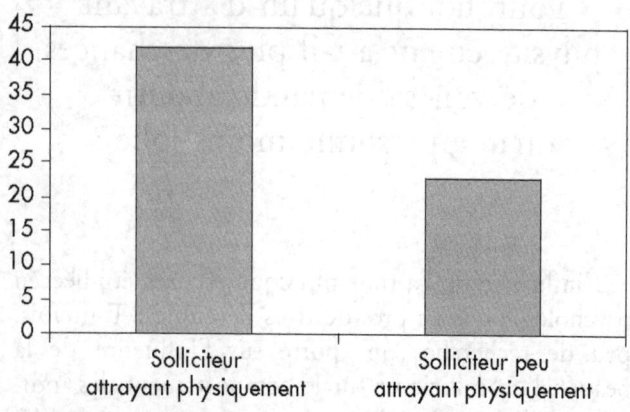

Taux de donateurs selon l'attrait du solliciteur (en %)

L'attrait physique du solliciteur joue manifestement sur son efficacité à obtenir des dons. Il est à noter que cet effet de l'attrait a été mis également en évidence pour des formes d'aide plus personnelle. Ainsi, une femme attrayante physiquement reçoit plus d'aide, lorsqu'elle demande son chemin ou qu'elle prie quelqu'un de poster une enveloppe timbrée pour elle (Wilson, 1978).

Influence du physique par téléphone ou e-mail

Il n'est pas nécessaire d'utiliser une relation en face à face pour que l'attrait physique joue. Une communication par téléphone ou e-mail, si elle permet au récepteur de se forger une idée du physique que possède son interlocuteur, suffit pour orienter son comportement d'achat.

Dans l'expérience de Reingen et Kernan (1993), des étudiants en commerce participaient à un exercice de négociation de vente par téléphone. Ceux-ci devaient tenir le rôle d'acheteurs potentiels et étaient en contact avec un vendeur. Les personnes ne se connaissaient pas, mais celui qui tenait le rôle de l'acheteur potentiel avait un dossier présentant le vendeur qui contenait des photographies. Bien entendu, il s'agissait d'une personne jugée physiquement belle ou moins belle. Le vendeur devait se servir du même argumentaire et se comporter de la même manière au téléphone. Le contact téléphonique durait 4 minutes. Puis, celui qui tenait le rôle du prospect devait évaluer son intention d'acheter, avoir une démonstration du produit (ici un détecteur de fumée de tabac). Il devait aussi évaluer le vendeur (amical, chaleureux, hostile...). Les enregistrements des conversations faisaient l'objet d'une évaluation par des juges (des experts qui écoutaient les conversations et en déduisaient des caractéristiques dans le processus de vente) qui estimaient la probabilité qu'une démonstration aurait lieu, ainsi qu'une vente, le confort de la conversation, son degré d'intimité, son caractère amical et les attitudes de l'une et l'autre des parties en interaction. D'après les résultats, les prospects, tout comme ceux qui ont écouté les conversations téléphoniques, ont considéré que leur intention d'accepter une démonstration ou d'acheter était plus probable, lorsque le vendeur était physiquement attrayant.

La recherche a montré un effet du stéréotype de l'attrait. Si elle permet de montrer cet effet, on observe aussi que la probabilité qu'une telle chose survienne en réalité est faible, car il est difficile pour un prospect de savoir à quoi ressemble la personne avec laquelle il interagit par téléphone. Ce n'est pas le cas nécessairement avec Internet, puisque l'émetteur d'un message peut joindre une photo sans se compliquer la vie.

Dans une recherche réalisée par Guéguen, Jacob et Legohérel (2003), plusieurs centaines d'internautes ont été contactés par e-mail. L'émetteur du message se prétendait étudiant et déclarait effectuer une étude sur le comportement alimentaire des Français pour un travail universitaire. Un questionnaire accompagnait le mail. Le prénom, était, selon le cas, celui d'une fille ou d'un garçon, et la fiche d'identité apparaissait à la suite du message avant le questionnaire. Outre les informations patronymiques, une photo supposée être celle de l'émetteur apparaissait. Il s'agissait d'une photo d'un visage de garçon ou de fille, dont l'attrait physique avait été préalablement évalué comme élevé, moyen ou faible. Une condition sans photo était également introduite. On mesurait alors le nombre d'internautes qui consentaient à répondre à ce questionnaire.

Pourcentage de personnes ayant renvoyé
le questionnaire rempli

Demandeur attrayant	Demandeur attrait moyen	Demandeur attrait faible	Contrôle pas de photo
22,5	20,0	3,3	7,5

Un faible attrait est surtout très préjudiciable à une réponse. On observe que si un attrait élevé n'a qu'un faible impact par rapport à un attrait jugé moyen, il est clair que la présence de la photographie, si elle ne présente pas quelqu'un de peu attrayant, a un impact élevé sur le taux de réponse.

Pour finir, on notera que cet effet d'une photographie d'une personne attrayante a été obtenu dans le cas d'une sollicitation d'enquête par courrier postal où la lettre d'accompagnement de l'enquête comportait, pour un certain nombre de personnes, une photographie de la responsable de l'enquête (une jeune femme physiquement attrayante). Les résultats montreront que 40 % ont répondu, lorsque la photographie de la jeune femme était présente contre 24 % en condition sans photographie (Dommeyer et Ruggiero, 1996).

Conclusion

Ces différentes expériences confirment l'effet de l'attrait physique dans le cas de sollicitations. Manifestement, une personne attrayante physiquement a plus de probabilités de voir sa demande acceptée, quand bien même celle-ci ne lui profite pas directement. Ce qui est beau serait influent !

55

Pourquoi pensez-vous que ce qui est beau est bien ?

Ce qui est beau… est bien ! Cette phrase s'est souvent retrouvée en conclusion d'articles présentant les effets de l'attrait physique sur l'évaluation des personnes. Aujourd'hui, on ne compte plus les recherches qui attestent qu'être beau présente beaucoup d'avantages : moins de condamnations par les tribunaux, plus de clémence de la part des enseignants envers un bel enfant ayant commis une grosse bêtise, des salaires plus élevés et plus de probabilités de trouver un emploi… Être beau favorise des jugements plus positifs, et il semble que, dans le milieu commercial, on n'échappe pas à cette règle.

DeShields et ses collaborateurs (1996) ont présenté à près de 1 000 étudiants la vidéo d'une publicité. Cette séquence durait 1 minute environ et visait à promouvoir une assurance voiture, dont les caractéristiques et les avantages étaient vantés par un homme. L'attrait physique de ce présentateur était manipulé (beau/moins beau). Bien entendu, le texte, le comportement et la tenue vestimentaire étaient les mêmes, et son attrait physique avait fait l'objet d'évaluations antérieures. Après avoir visionné la cassette, les sujets de l'expérience devaient évaluer le vendeur à l'aide d'échelles permettant de mesurer sa crédibilité, et estimer leur intention d'achat.

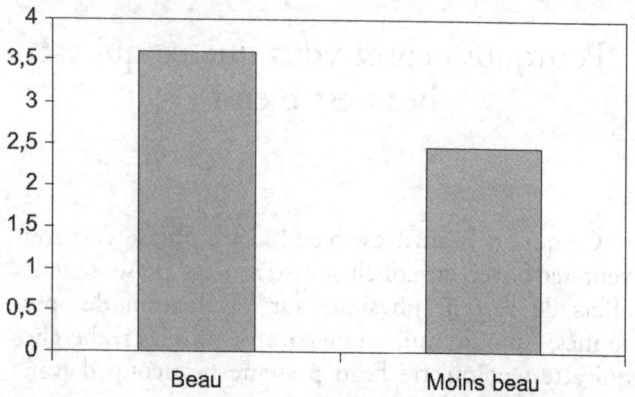

Intention d'achat (élevée = + d'intention à reformuler)

Un beau communicant induit une intention d'achat plus élevée et est, en outre, jugé également plus crédible. Les deux mesures apparaissent corrélées.

Soulignons que ce résultat n'est pas isolé et a été obtenu à plusieurs reprises. En outre, une simple photographie suffit à faire varier les évaluations, et, parfois, l'attribution de compétences inattendues est observée. Par exemple, Reingen et Kernan (1993) ont constaté que de belles personnes, comparativement à de moins belles, présentées comme des vendeurs, sont jugées par des étudiants en commerce comme ayant plus d'aptitudes sociales, plus de capacités personnelles et sont de bien meilleurs vendeurs.

Conclusion

On prête des évaluations positives aux personnes attrayantes. On confirme par là un stéréotype selon lequel ce qui est beau... est bien. Il est possible que cela amène à accepter plus favorablement les requêtes ou suggestions de ces personnes.

56
Pourquoi l'habit fait-il toujours le moine ?

L'habit ne fait pas le moine, dit l'adage, pourtant, ce serait sans compter sur nos aptitudes à inférer des dispositions aux personnes à partir de faibles indices ou d'indices non pertinents. Or, l'être humain possède en lui toute une myriade de préconceptions qui affectent son comportement et ses évaluations. Comme en témoigne cette recherche, l'apparence vestimentaire des solliciteurs et des vendeurs semble avoir une importance sur le comportement des personnes qui interagissent avec eux.

Kleinke (1977), dans une expérience désormais classique de la psychologie sociale, avait demandé à des jeunes femmes de demander de l'argent dans des aéroports. Selon le cas, ses collaboratrices étaient vêtues soit proprement, soit de manière quelque peu négligée. Pour le reste, le comportement et la façon d'aborder les personnes étaient les mêmes dans les deux conditions vestimentaires.

Il y a près de 2,5 fois plus de donateurs selon la tenue de la personne. Il est clair que l'apparence de la plus nécessiteuse est celle qui fonctionne le moins.

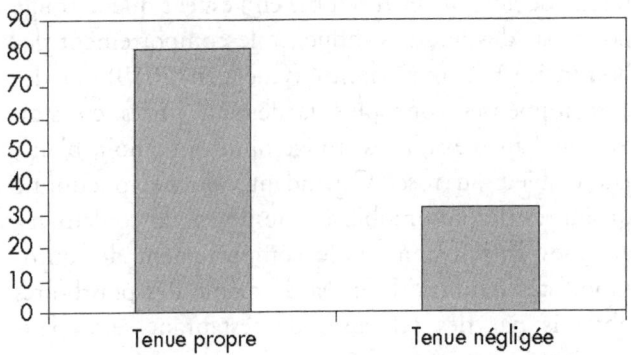

Taux de personnes ayant donné de l'argent (en %)

Dans cette expérience, on comparait une tenue décontractée et une tenue négligée, mais on sait que l'on peut également accroître l'acceptation de requête en affinant davantage la tenue vestimentaire

McElroy et Morrow (1994) ont demandé à une jeune femme vêtue soit de manière attrayante (robe, maquillage fin comme une commerciale), soit de manière plus décontractée (jeans, tennis, sans maquillage), d'aborder des hommes et des femmes et de les inviter à faire un don pour une cause caritative. En moyenne, les personnes ont donné plus (+ 45 %), lorsque la jeune femme était vêtue de façon attrayante.

Voir la vie en... rouge

Si le type de vêtement a une influence, il en va de même de la couleur. Il semble en l'espèce que le rouge porté par des femmes influence le comportement des hommes. On a ainsi montré (Guéguen, 2010) que des autostoppeuses sont plus facilement prises en stop lorsque leur tee-shirt est rouge plutôt que noir, blanc, jaune, bleu ou rose. Cependant cela ne fonctionne qu'auprès des automobilistes hommes ; la couleur n'a aucune répercussion sur le comportement des automobilistes femmes. Il en va de même des pourboires obtenus par des serveuses de restaurant selon leur tee-shirt.

Jacob et Guéguen (2014) ont demandé à des serveurs et serveuses de restaurant de porter pendant plusieurs semaines le même tee-shirt de couleurs différentes selon leurs jours de service (noir, blanc, rouge, bleu, vert et jaune). Le taux de pourboires reçu constituait la mesure du comportement des clients et on distinguait dans l'étude le sexe des clients mais également le nombre de personnes à table. Les résultats montreront que la couleur n'a eu aucun impact auprès des clientes, que ce soit pour un serveur ou une serveuse.

Cependant, les serveuses ont obtenu plus de pourboires de la part des clients hommes lorsqu'elles revêtaient un tee-shirt rouge tandis que cette couleur n'a eu aucun impact si l'employé était un homme. Le rouge ne semble marcher que dans le rapport d'interaction entre homme et femme. Vraisemblablement, c'est sa connotation sexuelle qui expliquerait de tels résultats.

Conclusion

La tenue vestimentaire est déterminante dans la façon dont on perçoit autrui, et elle affecte le comportement que l'on peut avoir avec lui. En général, il n'y a pas que la tenue qui importe, tout élément semble avoir son importance. Green et Giles (1973) ont mis en évidence qu'un enquêteur portant une cravate voyait sa requête plus favorablement acceptée (70 %) que lorsqu'il l'enlevait (40 %), et pourtant, sa tenue vestimentaire était la même. Une touche finale (et non la moindre) produit des effets comportementaux très différenciés. Cela prouve que se focaliser sur ces aspects peut avoir son importance en matière de relation client et de réussite d'une vente.

XI

L'AUTO-INFLUENCE

Pourquoi donner une image positive de soi a-t-il un coût ?

Les gens cherchent à donner la meilleure image d'eux-mêmes pour obtenir les bonnes grâces d'autrui, être appréciés... Dans ses interactions sociales, l'individu est très préoccupé de laisser à autrui la meilleure impression possible. Ce faisant, il peut être conduit à avoir certains comportements, notamment d'achat, simplement pour offrir une image flatteuse de lui-même.

Rind et Benjamin (1994) ont mené une expérience impliquant des hommes jeunes (de 20 à 30 ans), pris au hasard, assis dans une aire de repas d'une galerie marchande et, selon le cas, accompagnés ou non d'une femme sensiblement du même âge. Un compère (un adolescent d'environ 16 ans) s'approchait de l'homme et, s'il était accompagné, s'adressait uniquement à celui-ci. Il disait qu'il vendait des billets de tombola pour un voyage pour deux aux Bahamas d'une valeur de 1 000 $. Il précisait que les profits de la tombola revenaient à une association humanitaire connue dont il citait le nom. On a évalué ici le comportement effectif des sujets, puisque la mesure portait sur le nombre de billets achetés.

Les ventes de tickets ont été quasiment multipliées par deux, lorsque l'homme était accompagné. Pourtant, dans de nombreux cas, la femme accompagnant l'homme n'était pas nécessairement son amie intime.

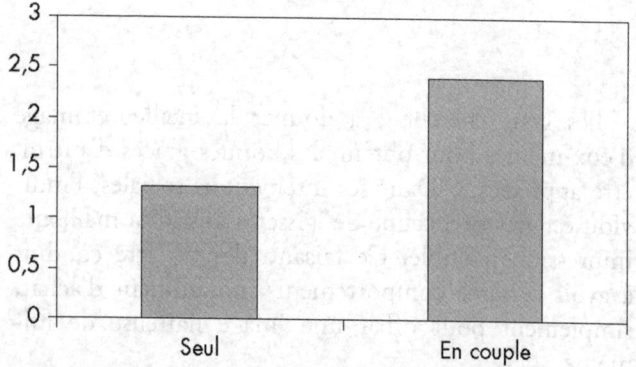

Nombre moyen de tickets de tombola achetés

Conclusion

Le contexte social joue un rôle non négligeable sur la proposition d'une offre. Ce n'est pas pour augmenter leurs chances de gagner le voyage que les hommes accompagnés d'une femme ont acheté : ils ont, implicitement et automatiquement, tenté de s'autovaloriser auprès du vendeur et de l'accompagnatrice. Il apparaît manifeste que donner à autrui une image positive peut s'avérer plus coûteux, et ce, une fois encore, sans que nous en ayons conscience.

58

Pourquoi un serveur qui a répété après vous tous les détails de votre commande aura-t-il droit à un plus gros pourboire ?

« Il répète tout ce que je dis. C'est énervant à la fin ! » Ne croyez pas si bien dire, car nous aimons tellement ce que nous pouvons dire ou faire, que nous apprécions que les autres nous imitent. Ce phénomène peut devenir notre propre piège, c'est ce que l'on appelle l'effet caméléon (Chartrand et Bargh, 1999) et qui montre que le consommateur peut également être influencé dans ses choix via l'imitation : un commerçant ou un vendeur qui vous imite peut vous conduire à plus consommer un produit donné et à évaluer le vendeur, les produits et le magasin plus positivement.

Dans la recherche de Tanner, Ferraro, Chartrand, Bettman et Van Baaren (2008), des étudiants venaient dans une salle individuellement pour participer à une expérience sur le jugement de nouveaux produits. Ici, en l'occurrence, un nouveau soda énergisant. On ajoutait à la personne qu'elle serait interrogée à ce sujet par un enquêteur. Celui-ci agissait de manière professionnelle et scriptée (prévue). L'interview commençait par l'interrogation des préférences sur les sodas puis l'enquêteur vantait l'intérêt des boissons énergisantes. Durant cette phase, l'enquêteur imitait ou pas certains comportements du participant avec un décalage de 1 à 2 secondes (se gratter la joue, le bras, etc.) ou en répétant certaines expressions verbales (« Je bois surtout du Coca et du Sprite » ; « D'accord, vous buvez surtout du Coca et du Sprite »). La phase de test de la nouvelle boisson avait ensuite lieu et le participant se retrouvait seul pour l'évaluer en terme de goût, d'intention d'achat, de succès. On mesurait également le volume de boisson consommé puisque celle-ci lui était donnée et on lui disait que pour bien l'évaluer, il pouvait en boire autant qu'il voulait.

	Imitation	Pas d'imitation
Goût	7,8	6,2
Intention d'achat	6,5	3,8
Succès attendu	6,8	5,8
Consommation (en grammes)	111	70

On peut constater que la perception du produit a été plus importante en condition d'imitation et que les personnes imitées par l'enquêteur ont plus consommé le produit proposé.

Dans cette étude, nous sommes loin du contexte de consommation habituel car les personnes ont donné leur avis sur un produit mais ce n'était pas un acte d'achat qui était mesuré ici. Cependant, même en condition de vente en situation réelle, il semble que l'imitation a une influence sur nos choix de produits et l'évaluation que nous faisons d'un vendeur et du magasin.

Jacob, Guéguen, Martin et Boulbry (2011) ont conduit une expérience au rayon spécialisé dans les lecteurs MP3 et vidéos de poche d'un magasin. Les vendeurs devaient interagir avec des clients qui les sollicitaient pour des conseils en imitant ou en n'imitant pas les comportements non verbaux (exemples : se gratter la joue, se passer la main dans les cheveux) et verbaux (répéter le propos du client) du client. À la sortie du magasin, les clients étaient sollicités pour répondre à un court questionnaire qui permettait d'évaluer le vendeur en termes de compétence, caractère agréable, amical et capacité d'écoute. Une évaluation générale du magasin était également effectuée. En ce qui concerne le comportement d'achat, on a mesuré dans cette étude le taux d'achat des clients mais également le taux d'achat du modèle proposé par le vendeur. En effet, ceux-ci avaient pour instruction, comme à leur habitude, de vanter l'intérêt d'un modèle particulier et dans cette étude on a mesuré le taux de clients qui ont suivi la recommandation du vendeur. Ces résultats sont présentés dans le tableau ci-après.

	Imitation	Pas d'imitation
Taux d'achat	81,5 %	63,4 %
Achat du modèle proposé par le vendeur	67,1 %	45,6 %

Pour les deux variables comportementales mesurées, l'imitation a eu une influence positive. En outre, les évaluations ont montré que le vendeur a été perçu comme plus compétent, plus agréable, amical et plus à l'écoute. L'analyse statistique confirmera d'ailleurs que l'évaluation de la compétence a été la variable médiatrice dans le choix du modèle proposé tandis que le caractère agréable, amical et l'écoute ont eu le même poids dans le comportement d'achat en général. Enfin, plus étonnant encore, l'imitation a conduit les clients à juger plus positivement le magasin.

Imiter, c'est également bon pour soi-même

Si imiter nous conduit à nous faire percevoir plus positivement d'autrui, dans certaines circonstances un employé peut tirer bénéfice pour lui-même de l'utilisation de cette technique.

L'expérience de Van Baaren, Holland, Steenaert et Van Knippenberg (2003) a été menée dans un restaurant et a impliqué l'observation du comportement de plusieurs centaines de clients venus dîner en groupe de 2 ou 3 personnes. Deux serveuses ont participé à cette recherche. En condition d'imitation, lorsque la serveuse prenait la commande, elle répétait systématiquement ce que demandait le client ; dans l'autre condition, elle se contentait d'exprimer qu'elle avait bien noté et compris ce qui était demandé. De plus, dans les deux cas, ce qu'elle notait était visible pour le

client qui pouvait ainsi constater qu'elle avait réellement compris ce qui était commandé. Tout comme
en France, en Hollande, l'octroi du pourboire n'est pas
systématique, puisque le service est compris. On a
donc mesuré le nombre de personnes ayant donné un
pourboire et le montant moyen.

	Imitation	Contrôle
Taux de personnes donnant un pourboire (en %)	78 %	52 %
Montant moyen pourboires (en couronnes)	3,18	1,36

Non seulement on donne plus fréquemment un
pourboire à la serveuse qui répète ce que l'on a dit,
mais, en plus, on lui accorde davantage.

Conclusion

L'effet caméléon, simple à produire, s'avère efficace.
D'autres recherches ont aussi mis en évidence qu'il
peut être conseillé de l'utiliser : la personne qui nous
imite est perçue par nous de manière plus positive
(Chartrand et Bargh, 1999) et nous nous sentons plus
proches d'elle (Van Baaren et coll., 2003). Pas étonnant dans ce cas que nous nous montrions plus généreux à son endroit. Si la technique de l'imitation doit
encore dévoiler ce qu'elle cache, de belles perspectives
d'applications peuvent être envisagées. On remarque

que cette technique affecte de façon positive l'évaluation de l'imitateur, ce qui peut induire une appréciation plus importante du personnel. On imagine
également qu'elle peut avoir un effet sur le comportement du client, si un vendeur s'en sert.

59

Pourquoi les hommes fortunés de race blanche sont-ils les clients auxquels on fait le plus confiance ?

Les stéréotypes affectent notre façon de traiter l'information et nos comportements. Les stéréotypes ethniques, bien entendu, n'échappent pas à la règle. Dans le monde du commerce où l'on affirme qu'un client est un client, n'allez pas croire que ces stéréotypes restent à la porte du magasin. C'est ce que nous montre la simple, mais pertinente, recherche de Ayres et Siegelman.

Ayres et Siegelman (1998) ont effectué une recherche expérimentale aux États-Unis (à Chicago pour être exact) avec pas moins de 38 compères qui devaient tenir le rôle d'acheteurs potentiels. Il s'agissait d'hommes et de femmes de race noire ou blanche. Ils devaient négocier avec les vendeurs le prix d'un même modèle de voiture neuve. Ils devaient employer la technique de la poire en deux (offre moyenne entre celle de l'acheteur et du vendeur à chaque nouvelle proposition). Tous ces compères avaient le même âge (28-32 ans), étaient habillés de manière conventionnelle, avaient le même niveau d'éducation et un attrait moyen, évalué par la méthode des juges (personnes qui les évaluaient à l'aide des photos du visage). Un entraînement à la situation de négociation avait été pratiqué, et ils jouaient un rôle prévu tant dans leur manière de se comporter que dans ce qu'ils devaient dire au vendeur.

Au final, on mesurait le taux de remise effectuée par le vendeur pour le modèle de voiture négocié. Cela permettait de mesurer la perte de marge consentie par le vendeur. Les résultats obtenus à partir de 306 situations de négociation ont été les suivants :

	Client blanc		Client noir	
	Homme	Femme	Homme	Femme
Profit final du vendeur (en $)	564	657	1 665	975
Taux de concession par rapport à la marge initiale (en %)	44,6 %	41,8 %	14,8 %	27,1 %

Sur plus de 300 voitures neuves, les vendeurs offrent aux femmes et aux Noirs des remises moins importantes qu'aux hommes blancs. En outre, les variations de remises ne sont pas modestes, puisque, entre les deux extrêmes, le taux de concession varie du simple au triple.

Conclusion

La discrimination commerciale existe bien. Paradoxalement, ceux qui ont le plus d'argent (les hommes blancs aux États-Unis) sont ceux auxquels on fait le plus de concession. Pour Ayres et Siegelman, les données économiques, plus que les stéréotypes, pourraient expliquer ces résultats. Les vendeurs auraient des préjugés quant aux possibilités des clients de rechercher les meilleurs prix. Les Blancs, notamment les hommes, auraient plus de temps et de moyen pour rechercher les meilleurs prix (pas pressés, moyen de communication, moyens financiers…). Ce ne serait pas le cas des Noirs, ce qui laisserait à penser que la marge de négociation de ces personnes serait plus faible. Une hypothèse intéressante qu'il serait bon de vérifier.

60

Pourquoi la photo de ce restaurant comble vous a-t-elle donné envie d'y dîner ?

Faites l'expérience suivante : avec trois ou quatre amis, placez-vous dans un endroit passant et regardez tous en l'air dans la même direction. Il y a fort à parier que neuf personnes sur dix regarderont également en l'air, alors que si vous étiez seul, un peu plus d'une personne sur dix vous imiterait. C'est ce que l'on nomme la preuve sociale.

L'être humain est un animal grégaire, et le degré de sophistication de ses relations sociales explique certainement le niveau d'évolution qu'il a pu atteindre. Observer le comportement d'autrui sert à expliquer le monde environnant, interpréter des événements ou se former des jugements. Parfois, ce jugement est infondé, car l'interprétation de l'individu s'opère par la prise en compte d'informations qui sont insuffisantes. Cette erreur d'interprétation est souvent liée, comme en témoignent plusieurs recherches, à un poids trop important accordé à l'information sociale.

L'effet d'un modèle

On appelle modèle tout individu que nous observons accomplir un comportement, alors que nous sommes nous-mêmes dans une situation où nous pouvons être amenés à agir ou prendre une décision. On se demande alors quel peut être l'impact du modèle sur nous-mêmes.

Harris et ses collaborateurs (1973) faisaient tomber des disquettes par terre, tandis qu'un compère apportait son aide ou bien poursuivait son chemin. 50 % des personnes ont prêté main-forte au ramassage, lorsque le modèle aidait, contre 23 % lorsqu'il avait poursuivi son chemin. Ce résultat n'est pas isolé : on signe plus favorablement une pétition, si l'on remarque quelqu'un qui accepte également de la signer (Phillips, 1972) ; une personne fait plus favorablement un don dans une boulangerie, si la personne qui l'a précédée a également donné (Guéguen, 2007). Par ailleurs, il n'y a pas que les comportements méritants qui sont influencés par autrui : on a plus tendance à enfreindre le Code de la route, si quelqu'un commet une infraction sous nos yeux (Guéguen et Pichot, 2001).

Le modèle en situation commerciale

Quoique difficile à manipuler, l'influence d'un modèle peut être envisagée en situation commerciale afin d'influencer le comportement des gens. On peut imaginer recourir à des compères qui agissent comme on le leur demande à l'instar des expériences précédentes. Toutefois, cet effet de preuve sociale peut être créé de plusieurs manières. L'effet d'attroupement semble idéal, car la perception que se fait un individu de notre activité est modifiée.

Dans une recherche menée par Alan Ching Biu Tse et ses collaborateurs en 2002, on a montré des photographies de restaurants plus ou moins bondés à un ensemble de personnes. On leur demandait de juger la qualité de la nourriture et des choix, ainsi que la réputation éventuelle du restaurant et le niveau de prix qu'il pratiquait.

Les résultats montreront un lien fort entre le nombre de clients et les évaluations : celles-ci étant d'autant plus positives que le restaurant apparaissait bombé. Une forte affluence est reliée à une estimation de haut niveau de qualité de la nourriture, de bonne réputation et de prix peu élevé.

Conclusion

L'individu se sert du fonctionnement social pour produire un jugement, même si, objectivement, ces informations sont insuffisantes pour juger. Le besoin de cohérence de l'individu, qui le pousse à chercher une explication logique à ce qu'il voit, permet de mieux comprendre les résultats des travaux présentés. S'il y a des gens, c'est que c'est bon, que la réputation est grande… À partir de telles inférences, un individu peut être poussé à accomplir des actes qu'il ne produirait pas en dehors de cette information sociale.

On a ainsi montré que l'on pouvait accroître l'attractivité de certaines boîtes de nuit en payant des individus pour faire la queue à certains moments de la soirée. Les gens passant par là et observant cette file d'attente factice en déduisaient que la boîte de nuit était de qualité et décidaient d'y entrer. Au bout de quelque temps d'un tel régime, une file d'attente naturelle, constituée de vrais clients, se créait, assurant du coup un effet d'attrait pour d'autres, et ainsi de suite.

Bien entendu, une telle procédure peut paraître difficile et coûteuse à mettre en œuvre, mais, avec un peu d'imagination, l'effet de la preuve sociale peut être manipulé de multiples manières dans le cadre d'une activité commerciale. À titre d'exemple, le fameux livre d'or de certains hôtels ou restaurants n'est rien de moins qu'une application de ce principe. Les témoignages que l'on retrouve dans les publicités présentes dans la presse, notamment pour les produits ésotériques, sont aussi destinés à générer cet effet de preuve sociale.

61

Pourquoi préférez-vous un inconnu dont vous savez qu'il partage des similarités avec vous ?

Selon le principe de simple exposition dont nous avons déjà parlé (voir p. 57-60), vous préférez, entre deux photographies de votre visage, celle qui correspond à ce que vous voyez dans votre miroir quand vous vous regardez, alors que, dans le même temps, vos amis préfèrent l'image réelle, c'est-à-dire celle qu'ils ont devant eux lorsqu'ils sont avec vous (Mita, Dermeer et Knight, 1977). De toutes les lettres de l'alphabet, celles que vous préférez sont celles qui composent votre nom ou votre prénom (Nuttin, 1985). Un enseignant qui se rappelle correctement votre nom plusieurs semaines après un contact fortuit et qui ensuite vous demande votre aide a plus de chances que vous acceptiez de l'aider que s'il s'est trompé en vous prénommant (Howard et Gengler, 1995). Vous aimez tellement ce qui vous appartient que vous récompensez de manière plus favorable ceux qui répètent vos paroles (voir p. 292-297). Vous n'êtes pas le seul, rassurez-vous !

Nous préférons donc ce qui nous est familier, et nous aimons aussi ce qui se réfère à soi. Cela peut induire un biais de favoritisme envers des personnes qui nous paraissent familières à nous-mêmes. Nous apprécierons une personne, nous nous sentirons en confiance, car cet effet de familiarité s'est créé. Hélas ! ce principe selon lequel on préfère et on aide plus ceux qui nous paraissent familiers peut aussi être exploité pour influencer notre comportement. La recherche en psychologie sociale a largement souligné qu'une certaine similarité entre un solliciteur et sa cible conduisait à augmenter le taux d'acceptation de sa demande.

Dans ces expériences, la similarité était généralement manipulée par une convergence vestimentaire, ethnique, comportementale ou statutaire. Un solliciteur est plus aidé s'il est de même race que le solliciteur. Un compère qui laisse tomber « accidentellement » des disquettes par terre est plus aidé par un Blanc s'il est blanc et par un Noir s'il est noir (Wegner et Crano, 1975). Un Blanc donne plus à un mendiant blanc que noir (Bickman et Kamzan, 1973). Le même effet est obtenu par téléphone – où l'appartenance ethnique peut être manipulée par l'accent du demandeur – lorsque quelqu'un prétend s'être trompé de numéro et que nous le savons en panne sur l'autoroute (Harris et Klingbeil, 1976). La même apparence vestimentaire (même manteau, mêmes couleurs de vêtements) suffit pour que l'on aide plus autrui à ramasser les paquets qu'il vient de faire tomber (Keasey et Keasey, 1971). Des personnes qui partagent les mêmes attitudes sont plus susceptibles d'apporter leur aide à autrui (Karabenik, Lerner et Beecher, 1975).

Ainsi, dès que l'on possède quelque chose en commun avec une personne, celle-ci peut nous aider au nom de ce petit « dénominateur commun ».

Sur Internet

Créer de la familiarité et de la référence à soi sur Internet s'avère possible. Vous en doutez, car, selon vous, il y a peu d'informations sociales susceptibles, en apparence, de passer par ce média. Lisez ce qui suit…

Une recherche a été réalisée afin de voir si l'on pouvait augmenter le nombre d'internautes qui accepteraient de répondre à un questionnaire sur leurs habitudes alimentaires (Guéguen et Jacob, 2003). Ils étaient sollicités par e-mail. Bien entendu, la personne sollicitée ne connaissait pas l'émetteur de la demande, qui se présentait comme étudiant ou étudiante ayant besoin de réponses pour un travail universitaire. Selon

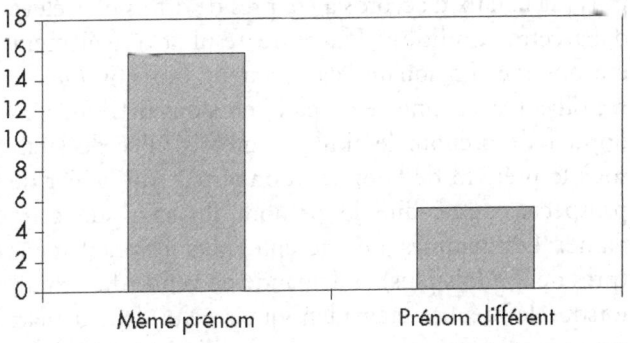

Nombre de personnes ayant renvoyé le questionnaire rempli
(en %)

le cas, le prénom du demandeur était soit le même, soit différent de celui du récepteur.

Lorsque le prénom du demandeur est identique à celui du récepteur, on enregistre 3 fois plus de répondants. À l'évidence, savoir qu'autrui porte le même prénom que soi, sans autre information, est suffisant pour que nous soyons plus disposés à son égard.

Influence du consommateur

On notera qu'une réplication de cette expérience a été effectuée récemment (Guéguen, soumis), dans laquelle un téléopérateur tentait d'obtenir l'acceptation d'une visite à domicile de livreurs de produits surgelés. Le téléopérateur ou la téléopératrice se présentait en donnant un prénom identique à celui apparaissant sur le fichier prospect. Ici encore, les résultats ont indiqué un effet positif de la similarité du prénom, puisque le taux d'accords a été près de 4 fois plus élevé dans cette condition. Un autre résultat a également été observé. Lorsqu'un téléopérateur (un homme) se retrouvait avec une femme, il ne pouvait donc pas donner de prénom féminin. Toutefois, il se déclarait sous le prénom de l'homme donné par son fichier de prospects, c'est-à-dire le prénom du mari de cette dame. Les femmes ont accepté plus favorablement (près de 2,5 fois plus) la demande de venue du livreur, lorsque le prénom était identique à celui de leur mari ou compagnon. Ici encore, la familiarité a joué son rôle d'activateur. On peut s'interroger sur les résultats si le téléopérateur ou la téléopératrice avait utilisé le prénom d'un enfant de la famille.

On constate que l'effet de la similarité du prénom ou du nom de famille est puissant mais il faut se garder de penser que c'est la seule. En fait, il semble que chacune de nos caractéristiques peut générer ce sentiment de familiarité avec l'autre. Burger, Messian, Patel, del Prado et Anderson (2004) ont ainsi montré que si une personne pense avoir le même jour et mois d'anniversaire, ou le même groupe sanguin qu'une autre, cela la conduira à davantage accepter une demande d'aide. Il semblerait donc que de nombreuses formes de similarités fortuites entre personnes conduisent à influencer notre comportement à l'égard de ceux qui partagent cette même caractéristique.

L'auto-amorçage

Les recherches ci-dessus montrent que la correspondance du nom ou du prénom avec une personne nous conduit à accepter favorablement une demande de sa part. Il est vrai que le prénom et le nom sont si fortement intégrés à nous-mêmes et nous sont si familiers que de tels résultats ne sont pas étonnants. Nous allons voir que cet effet d'influence de la similitude va encore plus loin et que les lettres qui composent nos noms et prénoms, et notamment les initiales, peuvent nous conduire à préférer des produits qui les possèdent.

Brendl, Chattopadhyay, Pelham, Carvallo et Pritchard (2003) ont présenté et fait goûter deux thés à des personnes. Ces deux thés portaient un nom composé de 6 lettres. Il s'agissait de noms de marque non connus. Pour un groupe, on se débrouillait, à chaque fois, pour présenter un des thés avec un nom de marque dont les 3 premières lettres correspondaient aux 3 premières lettres du prénom de l'individu (exemple : pour quelqu'un s'appelant Matt, on appelait le thé « Mataku ») tandis que l'autre thé portait un nom différent mais avec une certaine correspondance néanmoins (exemple « Hataku »). Dans chaque cas, le thé avait un nom qui sonnait « japonais » puisque les thés étaient présentés comme deux thés japonais. Bien entendu, les deux thés étaient identiques et seul le nom changeait. Les personnes devaient goûter chacun des thés et les évaluer. On rajoutait que, afin de s'assurer que les conditions de test étaient optimales, on proposait à la personne de prendre un échantillon de 30 grammes du thé préféré et que c'était donc sous cette forme qu'elle devait dire où allait sa préférence. On demandait ensuite aux personnes de dire à quel point elles avaient soif et faim. Puis on leur demandait de dire, librement, les raisons pour lesquelles elles avaient choisi ce thé.

En ce qui concerne ce choix, les résultats obtenus furent les suivants :

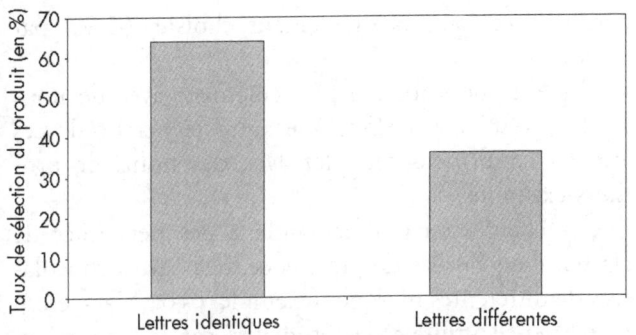

Choix du thé selon la similitude de la première syllabe avec le prénom

Comme on le voit, il semble que nous préférons un produit qui commence comme notre prénom. On se rend compte en outre que ce produit est évalué plus positivement en terme de goût. De plus, on constate que le besoin de boire ou de manger n'a pas eu d'influence sur le choix du thé et que, majoritairement, les personnes n'ont pas invoqué le nom de marque pour justifier du choix du produit et ont uniquement parlé du goût et de l'odeur. Il semble donc que les personnes ne soient pas conscientes des raisons qui ont expliqué leur choix.

Nous préférons un produit dont le nom ressemble à notre prénom. Ces résultats ont été confirmés dans une recherche plus récente de Brendl, Chattopadhyay, Pelham et Carvallo (2005) où des personnes devaient choisir entre deux eaux minérales après avoir mangé des produits salés. Là encore, on observe que l'eau minérale commençant comme le prénom d'une personne est plus favorablement choisie (61 %) par les testeurs.

Cet effet ne s'observe pas seulement avec de nouveaux produits. En effet, une autre recherche de ces auteurs confirmera cet effet avec des noms de produits existants.

Ces chercheurs ont demandé à des personnes de classer, dans l'ordre de préférence, des barres chocolatées de différentes marques (exemple Twix, Mars, etc.). L'expérience utilisait des étudiants car les jeunes et, notamment, les étudiants, sont de grands consommateurs de ce type de produits. Cette fois, on tenait compte du degré de correspondance entre l'initiale du prénom de la personne et celle du produit (exemple Tom pour Twix, Michelle pour Mars). Ici aussi, les résultats montreront que les barres chocolatées dont les noms de marque avaient une initiale identique à celles du prénom des étudiants ont été mieux classées dans leurs préférences. Il semble que l'on aime manger ou boire ce qui nous ressemble.

Si on voit que nous aimons les produits dont les marques ressemblent à nos prénoms, nous aimons également créer des noms de produits qui ressemblent à nos prénoms.

Brendl, Chattopadhyay, Pelham et Carvallo (2005) ont ainsi demandé à des personnes de choisir un nom de produit pour des supposés nouveaux « crackers ». Selon le cas, le nom du produit se terminait de la même manière (« oki » car il s'agissait de produits japonais) mais portait les 3 premières lettres du prénom de la personne ou d'une autre personne (exemple : pour Jonathan ou Elisabeth, on proposait Jonoki ou Elioki). Ici encore, les résultats montreront que 62 % des personnes ont marqué une préférence pour le nom du produit ressemblant à leur prénom. Cet effet du choix a été confirmé par d'autres chercheurs avec des noms de marques.

Hodson et Olson (2005) ont en effet montré que les marques que nous déclarons préférer (Coca-Cola, Nike…) possèdent plus favorablement la même initiale que notre nom ou prénom. De la même manière, en France, Delacroix et Merigot (2008) ont montré que des Sébastien sélectionnés dans leur étude déclarent préférer la marque Seb que Moulinex. Ces chercheurs ont également montré que des Philippe préfèrent la marque Philips à Pioneer mais uniquement lorsqu'ils ne se déclarent pas experts en hi-fi.

Conclusion

Par le biais de la similarité/familiarité du prénom, on peut influencer le comportement du consommateur ou de l'internaute. On constate également que des préférences liées à des produits ou des marques peuvent être influencées par cette similitude entre les noms.

Toutefois, cette technique du prénom n'est pas la seule, et on peut imaginer également d'autres formes de création de ce sentiment. Pour un vendeur, par exemple, il suffirait d'obtenir certaines informations sur un client, sur ses goûts…, ce qui pourrait donner l'illusion d'une certaine familiarité avec lui. D'où l'intérêt aussi de la traçabilité des comportements antérieurs et du partage de ces informations précieuses sur le client…

Bibliographie

1. Afficher le prix d'un produit à 9,99 € au lieu de 10,00 € permet-il d'en vendre plus ?
L'influence réelle des prix à terminaison « 9 » sur le comportement d'achat

ANDERSON E.T., SIMESTER D.I., « Effects of $9 Endings on Retail Sales : Evidence from Field Experiments », *Quantitative Marketing and Economics*, n° 1, 2003, p. 93-110.

GUÉGUEN N., JACOB C., « Odd Versus Even Prices and Consumer's Behavior », *Psychological Reports*, n° 96, 2005*a*, p. 1121-1122.

GUÉGUEN N., JACOB C., « Nine-Ending Price and Consumer Behavior : An Evaluation in a New Context », *Journal of Applied Sciences*, n° 5 (2), 2005*b*, p. 383-384.

GUÉGUEN N., JACOB C., LEGOHÉREL P., NGOBO P., « Nine-Ending Prices and Consumer's Behavior : A Field Study in a Restaurant », *International Journal of Hospitality Management*, n° 28, 2009, p. 170-172.

HOWER R.M., *History of Macy's of New York : 1858-1919*, Cambridge, MA, Harvard University Press, 1943.

NGOBO P.V., LEGOHÉREL P., GUÉGUEN N., « A Cross-category Investigation into the Effects of Nine-Ending Pricing on Brand Choice », *Journal of Retailing and Consumer Services*, n° 17 (5), 2010, p. 374-385.

Schindler R.M., Kibarian T.M., « Increased Consumer Sales Response though Use of 99-Ending Prices », *Journal of Retailing*, n° 72, 1996, p. 187-199.

2. Pourquoi aimez-vous les prix « 9 » ?
Terminaison des prix et orientation des choix

Ngobo P.V., Legohérel P., Guéguen N., « A Cross-Category Investigation into the Effects of Nine-Ending Pricing on Brand Choice », *Journal of Retailing and Consumer Services*, n° 17 (5), 2010, p. 374-385.

Schindler R.M., Warren L.S., « Effect of Odd Pricing on Choice of Items from a Menu », *Advances in Consumer Research*, n° 15, 1988, p. 348-353.

3. Pourquoi acheter un produit en promotion vous donne-t-il l'impression d'être plus intelligent ?
Type de terminaison et perception d'une réduction

Guéguen N., « Mémoire et prix à terminaison "9" : les pièges d'un encodage limité », *Revue européenne de psychologie appliquée*, n° 51 (3), 2001, p. 189-195.

Guéguen n., Legohérel P., « Numerical Encoding and Odd-Ending Prices : The Effect of a Contrast in Discount Perception », *European Journal of Marketing*, n° 38 (1/2), 2004, p. 194-208.

Shindler R.M., « Consumer Recognition of Increases in Odd and Even Prices », *Advances in Consumer Research*, n° 11, 1984, p. 459-462.

4. Pourquoi les prix « magiques » sont-ils vraiment magiques ?
L'effet de sous-détermination

Schindler R.M., Wiman A.R., « Effects of Odd Pricing on Price Recall », *Journal of Business Research*, n° 19, 1989, p. 165-177.

5. Pourquoi les prix « 9 » sont-ils à double tranchant ?
L'effet positif des terminaisons pleines

BARTSCH R.A., PATON V.I., « The Presence of Odd Pricing in the Texas State Lottery », *Journal of Applied Social Psychology*, n° 29 (11), 1999, p. 2394-2409.

6. Sublimes images : mythe ou réalité ?
*L'influence des images subliminales
sur la consommation*

CHANNOUF A., *Les Influences inconscientes : de l'effet des émotions et des croyances sur le jugement*, Paris, Armand Colin, 2004.

CHANNOUF A., CANAC D., GOSSET O., « Les effets non spécifiques de la publicité subliminale », *Revue européenne de psychologie appliquée*, n° 49 (1), 1999, p. 13-19.

GEORGE S., JENNINGS L.B., « Effect of Subliminal Stimuli on Consumer Behaviour : Negative Evidence », *Perceptual and Motor Skills*, n° 41, 1975, p. 847-854.

GUÉGUEN N., FISCHER-LOKOU J., LÉPY N., « Activation d'un besoin physiologique par le biais d'une exposition infraliminaire d'un stimulus verbal en lien avec le besoin et effet sur le comportement », *In Cognito – Cahiers romans de sciences cognitives*, n° 2 (1), 2004, p. 59-72.

MERIKLE P., SKANES H., « Subliminal Self-Help Audiotapes : A Search for Placebo Effects », *Journal of Applied Psychology*, n° 77 (3), 1992, p. 772-776.

PALMATIER J.R., BORNSTEIN P.H., « The Effects of Subliminal Stimulation of Symbiotic Merging Fantasies on Behavioral Treatment of Smokers », *Journal of Nervous and Mental Disease*, n° 168, 1980, p. 715-720.

SILVERMAN L.H., MARTIN A., UNGARO R., MENDELOHN E., « Effect of Subliminal Stimulation of Symbiotic Fantasies on Behavior Modification Treatment of Obesity », *Journal of Consulting and Clinical Psychology*, n° 46 (3), 1978, p. 432-441.

7. Pourquoi, quand on vous parle poliment, avez-vous tendance à répondre sur le même ton ?

Amorçage sémantique et comportement

BARGH J.A., CHEN M., BURROWS L., « Automaticity of Social Behavior : Direct Effect of Trait Construct and Stereotype Activation on Action », *Journal of Personality and Social Psychology*, n° 71 (2), 1996, p. 230-244.

FISCHER-LOKOU J., LAMY L., GUÉGUEN N., « Induced Cognitions of Love and Helpfulness to Lost Persons », *Social Behavior and Personality*, n° 37 (9), 2009, p. 1213-1220.

GUÉGUEN N., CANEVET L., HERNOT A., LE BERRIGAUD A., LE LU M., PRIGENT J. (soumis), « Parlez-moi d'amour : l'impact d'une amorce affectivo-relationnelle sur l'altruisme ».

JACOB C., GUÉGUEN N., BOULBRY N., « L'effet d'éléments figuratifs sur le comportement de consommation : une illustration de l'influence du choix d'un plat dans un restaurant », *Revue des sciences de gestion. Direction et gestion des entreprises*, n° 242, 2010, p. 61-69.

LAMY L., FISCHER-LOKOU J., GUÉGUEN N., « Semantically Induced Love and Helping Behavior », *Psychological Reports*, n° 102, 2008, p. 418-424.

LAMY L., FISCHER-LOKOU J., GUÉGUEN N., « Induced Reminiscence of Love and Chilvarious Helping », *Current Psychology*, n° 28 (3), 2009, p. 202-209.

LAMY L., FISCHER-LOKOU J., GUÉGUEN N., « Valentine Street Promotes Chivalrous Helping », *Swiss Journal of Psychology*, n° 69 (3), 2010, p. 169-172.

MANDEL N., JOHNSON E., « When Web Pages Influence Choice : Effects of Visual Primes on Experts and Novices », *Journal of Consumer Research*, n° 29 (2), septembre 2002, p. 235-245.

8. Pourquoi, après avoir vu dix fois la photo d'une personne que vous ne connaissez pas, commencez-vous à l'apprécier ?

L'effet de simple exposition

HARRIS J.L., BARGH J.A., BROWNELL K.D., « Priming Effects of Television Food Advertising on Eating Behavior », *Health Psychology*, n° 28, 2009, p. 404-413.

ZAJONC R.A., « Attitudinal Effects of Mere Exposure », *Journal of Personality and Social Psychology*, n° 9 (2), monograph supplement, 1968, p. 1-27.

9. Quand vous avez beaucoup attendu, est-ce meilleur ensuite ?

L'effet strip-tease

SUNDAR S.S., WAGNER C.B., « The Tease Effect of Slow Downloading : Arousal and Excitation Transfer in Online Communication », *Proceedings at the Annual Convention of the Association for Education in Journalism and Mass Communication*, Baltimore, 5-8 août 1998.

10. Pourquoi les publicitaires inondent-ils votre boîte aux lettres de dépliants ?

L'effet des brochures publicitaires sur le comportement d'achat

BURTON S., LICHTENSTIEN D., NETEMEYER R., « Exposure to Sales Flyers and Increased Purchases in Retail Supermarkets », *Journal of Advertising Research*, septembre-octobre 1999, p. 7-14.

11. Pourquoi vaut-il mieux passer de la publicité après *Love Story* qu'après *Shining* ?

La mémorisation publicitaire

BUSCHMAN B.J., « Effects of Television Violence on Memory for Commercial Messages », *Journal of Experimental Psychology : Applied*, n° 4 (4), p. 291-307.

12. Pourquoi la photographie d'une carte de crédit vous donne-t-elle l'illusion d'être plus riche ?
Conditionnement à crédit et traitement illusoire

FEINBERG R.A., « Credit Cards as Spending Facilitating Stimuli : A Conditioning Interpretation », *Journal of Consumer Research*, n° 13, 1986, p. 348-356.

McCALL M., BELMONT H., « Credit Card Insignia and Restaurant Tipping : Evidence for an Associative Link », *Journal of Applied Psychology*, n° 81 (5), 1996, p. 609-613.

13. Pourquoi Grand-Mère fait-elle toujours du bon café ?
La prédisposition de certains noms ou labels de produits à l'achat

WANSINK B., PAINTER J., VAN ITTERSUM K., « Descriptive Menu Labels' Effect on Sales », *Cornell Hotel and Restaurant Administration Quaterly*, n° 42 (6), 2001, p. 68-72.

14. Êtes-vous sûr d'avoir fait une bonne affaire ?
La technique « et ce n'est pas tout ! »

BURGER J., « Increasing Compliance by Improving the Deal : The That's-not-All Technique », *Journal of Personality and Social Psychology*, n° 51 (2), 1986, p. 277-283.

15. Pourquoi acceptez-vous certaines choses quand vous avez le sentiment que vous pouvez les refuser ?
Évocation sémantique de la liberté et comportement d'achat

GUÉGUEN N. (soumis), « Semantic Evocation of Freedom and Consumer Decision », *Pyschological Reports*.

GUÉGUEN N., PASCUAL A., JACOB C., MORINEAU T., « Request Solicitation and Semantic Evocation of Freedom : An Evaluation in a Computer-Mediated Communication Context », *Perceptual and Motor Skills*, n° 95, 2002, p. 208-212.

PASCUAL A., GUÉGUEN N., « La technique du "Vous êtes libre de…" » : induction d'un sentiment de liberté et soumission à une requête ou le paradoxe d'une liberté manipulatrice », *Revue internationale de psychologie sociale*, n° 15 (1), 2002, p. 45-82.

16. Pourquoi ce qui est rare est-il si cher ?
L'effet de la rareté

AGGARWAL P., VAIDYANATHAN R., « Use It or Lose It : Purchase Acceleration Effects of Time-Limited Promotions », *Journal of Consumer Behavior*, n° 2 (4), 2003, p. 393-403.

BRANNON L.A., BROCK T.C., « Limiting Time for Responding Enhances Behavior Corresponding to the Merits of Compliance Appeals : Refutations of Heuristic-Cue Theory in Service and Consumer Settings », *Journal of Consumer Psychology*, n° 10 (3), 2001, p. 135-146.

CIALDINI R., *Influence & Manipulation*, Paris, First, 2001.

NUNES J.C., DRÈZE X., « The Endowed Progress Effect : How Artificial Advancement Increases Effort », *Journal of Consumer Research*, n° 32, 2006, p. 504-512.

WORCHEL S., LEE J., ADEWOLE A., « Effects of Supply and Demand on Ratings of Object Value », *Journal of Personality and Social Psychology*, n° 32 (5), 1975, p. 906-914.

17. Pourquoi faut-il demander à quelqu'un qu'on rencontre : « Comment ça va ? » ?
La technique du pied-dans-la-bouche

AUNE K., BASIL M., « A Relational Approach to the Foot-in-theMouth Effect », *Basic and Applied Social Psychology*, n° 24, 1994, p. 546-556.

DOLINSKI D., NAWRAT M., RUDAK I., « Dialogue Involvement as a Social Influence Technique », *Personality and Social Psychology Bulletin*, n° 27 (11), 2001, p. 1395-1406.

FOINTIAT V., « "Foot-in-the-Mouth" *versus* "Door-in-the-Face" Requests », *The Journal of Social Psychology*, n° 140 (2), 2000, p. 264-266.

GUÉGUEN N. (soumis), « The Effect of a Ritual Behavior on Compliance to a Request », *Social Behavior and Personality*.

HOWARD D., « The Influence of Verbal Responses to Common Greetings on Compliance Behavior : The Foot-in-the-Mouth Effect », *Journal of Applied Social Psychology*, n° 20, 1990, p. 1185-1196.

MEINERI S., GUÉGUEN N., « I Hope I Don't Disturb You, Am I ? Another Operationalization of the Foot-in-the-Mouth Paradigm », *Journal of Applied Social Psychology*, 41 (4), 2011, p. 965-975.

18. Pourquoi écouter de la musique forte pousse-t-il à boire plus ?
L'effet de suractivation

CAIN-SMITH P., CURNOW R., « "Arousal hypothesis" and the Effects of Music on Purchasing Behavior », *Journal of Applied Psychology*, n° 50 (3), 1996, p. 255-256.

GUÉGUEN N., LE GUELLEC H., JACOB C., « Sound Level of Background Music and Consumer Behavior : An Empirical Evaluation », *Perceptual and Motor Skills*, n° 99, 2004, p. 34-38.

GUÉGUEN N., JACOB C., LE GUELLEC H., MORINEAU T., LOUREL M., « Sound Level of Background Music and Alcohol Consumption : An Extending Research », *Alcoholism : Clinical and Experimental Research*, n° 32 (10), 2008.

LAMMERS B.H., « A Oceanside Field Experiment on Background Music Effects on the Restaurant Tab », *Perceptual and Motor Skills*, n° 96, 2003, p. 1025-1026.

19. La musique adoucit-elle les mœurs ?
Style de musique et niveau de bruit des consommateurs

CHALMERS L., OLSON M.R., ZURKOWSKI J.K., « Music as a Classroom Tool », *Intervention in School and Clinic*, n° 35 (1), 1999, p. 43-45.

DOSS S.C., « The Effects of Background Music on the Level of Conversation in an Eating Establishment », article en version hypertexte, *Missouri Western State College*, 1995.

20. Pourquoi diffuser de la musique classique ou de la pop dans un magasin fait-il décoller les ventes ?
Style de musique et consommation

NORTH A.C., HARGREAVES D.J., « The Effect of Music on Atmosphere and Purchase Intentions in a Cafeteria », *Journal of Applied Social Psychology*, n° 28, 1998, p. 2254-2273.

21. Pourquoi avez-vous envie de déguster un château-lafite quand vous écoutez une sonate de Mozart ?
Musique classique et vins prestigieux

ARENI C.S., KIM D., « The Influence of Background Music on Shopping Behavior : Classical versus Top-Forty Music in a Winestore », *Advances in Consumer Research*, n° 20, 1993, p. 336-346.

BEN DAHMANE MOUELHI N., TOUZANI M., « Les réactions des acheteurs aux modalités de la musique d'ambiance : cas de la notoriété et du style », *Revue française du marketing*, n° 194, 2003, p. 65-82.

NORTH A.C., SHILCOCK A., HARGREAVES D.J., « The Effect of Musical Style on Restaurant Customers' Spending », *Environment and Behavior*, n° 35 (5), 2003, p. 712-718.

22. Pourquoi achetez-vous des produits français quand vous entendez de l'accordéon ?
Musique stéréotypique d'un pays et produits typiques de ce même pays

HUME L., DODD C.A., GRIGG N.P., « In-Store Selection of Wine : No Evidence for the Mediation of Music », *Perceptual and Motor Skills*, n° 96, 2003, p. 1252-1254.

JACOB C., GUÉGUEN N., BOULBRY G., SELMI S., « "Love is in the air" : Congruency between Background Music and Goods in a Flower Shop », *International Review of Retail, Distribution and Consumer Research*, n° 19 (1), 2009, p. 75-79.

NORTH A.C., HARGREAVES D.J., MCKENDRICK J., « In-Store Music Affects Product Choice », *Nature*, n° 390, 1997, p. 132.

23. Pourquoi les différents styles de musique ont-ils un effet sur les actes d'achat ?
Spécificité des clients et type d'ambiance musicale

BEN DAHMANE MOUELHI N., « La contextualité de la musique d'ambiance : faut-il diffuser la même musique dans des magasins différents ? », *Gestion 2000*, n° 26 (5), 2009, p. 45-62.

WILSON S., « The Effect of Music on Perceived Atmosphere and Purchase Intentions in a Restaurant », *Psychology of Music*, n° 31, 2003, p. 93-112.

YALCH R., SPANGENBERG E., « Using Store Music for Retail Zone : A Field Experiment », *Advances in Consumer Research*, n° 20, 1993, p. 632-636.

24. Pourquoi diffuse-t-on de la musique sur les marchés en plein air ?
Musique et comportement du consommateur sur un marché ouvert

GUÉGUEN N., JACOB C., LEGOHÉREL P., « L'effet d'une musique d'ambiance sur le comportement du consommateur : une illustration en extérieur », *Décisions Marketing*, n° 25, 2002, p. 53-59.

25. Pourquoi la musique a-t-elle un réel impact sur le délai d'attente téléphonique ?
Musique et attente téléphonique

NORTH A.C., HARGREAVES D.J., MCKENDRICK J., « Music and OnHold Waiting Time », *British Journal of Psychology*, n° 90, 1999, p. 161-164.

RAMOS L.V., « The Effects of On-Hold Telephone Music on the Number of Premature Disconnections to a Statewide Protective Services Abuse Hot Line », *Journal of Music Therapy*, n° 30 (2), 1993, p. 119-129.

26. Savez-vous qu'une musique rapide diffusée dans votre hypermarché vous incitera à faire votre shopping au pas de course ?
Tempo et ajustement du comportement ambulatoire

HAHN M., HWANG I., « Effects of Tempo and Familiarity of Background Music on Message Processing in TV Advertising : A Ressource-Matching Perspective », *Psychology & Marketing*, n° 16 (8), 1999, p. 659-675.

MILLIMAN R., « Using Ancienne Music to Affect the Behavior of Supermarket Shoppers », *Journal of Marketing*, n° 46, 1982, p. 86-91.

27. Comment vous faire rester plus longtemps et consommer davantage dans un restaurant ?
L'impact du tempo sur le temps passé dans un restaurant

CALDWELL C., HIBBERT S.A., « Play That one Again : The Effect of Music Tempo on Consumer Behaviour in a Restaurant », *European Advances in Consumer Research*, n° 4, 1999, p. 58-62.

MILLIMAN R., « The Influence of Ancienne Music on the Behavior of Restaurant Patrons », *Journal of Consumer Research*, n° 13, 1986, p. 286-289.

ROBALLEY T.C., McGREEVY C., RONGO R.R., SCHWANTES M.L., STEGER P.J., WINIGER M.A., GARDNER E.B., « The Effect of Music on Eating Behavior », *Bulletin of the Psychonomic Society*, n° 23 (3), 1985, p. 221-222.

28. Pourquoi buvez-vous plus et plus vite lorsque vous écoutez une musique rapide ?

Tempo d'une musique et vitesse de consommation d'une boisson

BACH P.J., SCHAEFER J.M., « The Tempo of Country Music and the Rate of Drinking in Bars », *Journal of Studies on Alcohol*, n° 40 (11), 1979, p. 1058-1059.

McELREA H., STANDING L., « Fast Music Causes Fast Drinking », *Perceptual and Motor Skills*, n° 75, 1992, p. 362.

NOTTONO H., TSUDA A., AKAI S., NAKAJMA Y., « Tempo of Background Sound and Performance Speed », *Perceptual and Motor Skills*, n° 90, 2000, p. 112.

29. Savez-vous que votre rythme cardiaque est votre rythme musical préféré ?

Les préférences en matière de tempo musical

IWANAGA M., « Harmonic Relationship between Prefered Tempi and Heart Rate », *Perceptual and Motor Skills*, n° 81, 1995*a*, p. 67-71.

IWANAGA M., « Relationship between Heart Rate and Preference for Tempo of Music », *Perceptual and Motor Skills*, n° 81, 1995*b*, p. 435-440.

30. Pourquoi la musique rapide favorise-t-elle la mémorisation ?

Environnement musical et exploration sur le web

GALAN J.-P., « L'analyse des fichiers log pour étudier l'impact de la musique sur le comportement des visiteurs d'un site web culturel », *18ᵉ congrès de l'Association française de marketing*, Lille, 25-26 septembre 2003.

GUÉGUEN N., JACOB C., « L'expérimentation on-line », dans Philippe ROBERT-DEMONTROT (éd.), *Les Méthodes d'observation et d'expérimentation*, Paris, Apogée, 2004, p. 197-215.

31. Pourquoi cette odeur vous rappelle-t-elle votre enfance ?
Exposition précoce à des odeurs et préférence alimentaire

HALLER R., RUMMEL C., HENNEBERG S., POLLMER U., KÖSTER E.P., « The Influence of Early Experience with Vanillin in Food Preference in Later in Life », *Chemical Senses*, n° 24, 1999, p. 465-467.

MENNELLA J.A., BEAUCHAMP G.K., « Infant's Exploration of Scented Toys : Effects of Prior Experiences », *Chemical Senses*, n° 23, 1998, p. 11-17.

32. Pourquoi cette odeur dans votre restaurant favori vous pousse-t-elle à consommer davantage ?
Odeurs et comportement du consommateur dans un restaurant

GUÉGUEN N., PETR C., « Odor and Consumer Behavior in a Restaurant », *International Journal of Hospitality Management*, n° 25, 2006, p. 335-339.

SPANGENBERG E.R., SPROTT D.E., GROHMANN B., TRACY D.L., « Gender Congruent Ambient Scent Influences on Approach and Avoidance Behaviors in a Retail Store », *Journal of Business Research*, n° 59 (12), 2006, p. 1281-1287.

33. Pourquoi se dégage-t-il une odeur de pain chaud devant la boulangerie et une odeur de poulet rôti devant la boucherie ?
Congruence olfactive et orientation du choix

BARON R., « The Sweet Smell of… Helping : Effects of Pleasant Ambient Fragrance on Prosocial Behavior in Shopping Malls »,

Personality and Social Psychology Bulletin, n° 23 (5), 1997, p. 498-503.

GUÉGUEN N., JACOB C. (soumis), « Congruence d'une odeur culinaire et orientation du choix du consommateur : une évaluation en situation naturelle ».

ZEMKE D.M.V., SHOEMAKER S., « Scent across a Crowded room : Exploring the Effect of Ambient Scent on Social Interactions », *International Journal of Hospitality Management*, n° 12, 2006, p. 1-14.

34. Pourquoi, lorsque vous avez chaud, décidez-vous de porter des couleurs froides ?
Choix des couleurs et température

KIM S.H., TOKURA H., « Cloth Color Preference under the Influences of Body Heating Due to Hot Bath Immersion », *Applied Human Science*, n° 17 (2), 1998*a*, p. 57-60.

KIM S.H., TOKURA H., « Cloth Color Preference under the Influence of Face Cooling », *Journal of Thermic Biology*, n° 23 (6), 1998*b*, p. 335-340.

KIM S.H., TOKURA H., « Effects of Menstrual Cycle and Room Temperature on Color Preference », *Biological Rythm Research*, n° 29 (2), 1998*c*, p. 151-158.

35. Pourquoi préférez-vous boire une limonade bien fraîche dans un verre bleu plutôt que rouge ?
Couleurs et autres interprétations sensorielles

GUÉGUEN N., « The Effect of Glass Color on the Evaluation of the Thirst-Quenching Quality of a Beverage », *Current Psychology Letters*, n° 11 (2), 2003, p. 1-8.

GUÉGUEN N., JACOB C., « Coffee Cup Color and Evaluation of a Beverage's Warmth Quality », *Color Research and Application*, n° 39 (1), 2014, p. 79-81.

GUINARD J., SOUCHARD A., PICO M., ROGEAUX M., SIEFFERMAN J., « Sensory Determinants of the Thirst Quenching Character of Beer », *Appetite*, n° 31, 1998, p. 101-115.

KOCH C., KOCH E.C., « Preconceptions of Taste Based on Color », *The Journal of Psychology*, n° 137 (3), 2003, p. 233-242.

36. Pourquoi un même fromage sera-t-il blanc en France et jaune en Espagne ?
L'importance du facteur culturel dans le choix des couleurs

SCANLON B.A., « Race Differences in Selection of Cheese Color », *Perceptual and Motor Skills*, n° 61, 1985, p. 314.

37. Pourquoi cette publicité en noir et blanc est-elle invisible ?
L'impact de la couleur dans la publicité

PERCY L., ROSSITER J.R., « Effects of Picture Size and Color on Brand Attitude Responses in Print Advertising », *Advances in Consumer Research*, n° 10, 1983, p. 17-20.

SPARKMAN R., AUSTIN L.M., « The Effects on Sales of Color in Newspaper Advertisements », *Journal of Advertising*, n° 9 (4), 1980, p. 39-42.

38. Savez-vous que la lumière d'un magasin influence vos achats ?
L'impact de la luminosité sur le comportement d'achat

ARENI C.S., KIM D., « The Influence of In-Store Lighting on Consumers' Examination of Merchandise in a Wine Store », *International Journal of Research in Marketing*, n° 11, 1994, p. 117-125.

BAKINI-DRISS F.E., BELLALOUNA HAFSIA H.B., ZGHAL M., « L'impact d'un éclairage additionnel dans un point de vente sur les réactions comportementales du consommateur », *Revue des sciences de gestion. Direction et gestion des entreprises*, n° 229, 2008, p. 41-49.

SUMMERS T.A., HEBERT P.R., « Shedding Some Light on Store Atmospherics : Influence of Illumination on Consumer Behavior », *Journal of Business Research*, n° 54, 2001, p. 145-150.

39. Qui peut un peu peut beaucoup
La technique du pied-dans-la-porte

FREEDMAN J., FRASER S., « Compliance without Pressure : The Foot-in-the-Door Technique », *Journal of Personality and Social Psychology*, n° 4, 1966, p. 195-202.

40. Savez-vous que plus vous naviguez sur le site Internet d'une organisation caritative, plus vous avez de chances de lui faire un don ?
Le pied-dans-la-porte électronique

GUÉGUEN N., JACOB C., LEGOHÉREL P., « Communication médiatisée par ordinateur et sollicitation à une requête : une évaluation de l'efficacité de la technique du "pied-dans-la-porte" lors d'une interaction par e-mail ou sur un site web », *Revue internationale de psychologie sociale*, n° 16 (1), 2003, p. 125-155.

41. Qui ne peut le plus peut le moins
La technique de la porte-dans-le-nez

EBSTER C., NEUMAYR B., « Applying the Door-in-the-Face Compliance Technique to Retailing », *The International Review of Retail, Distribution and Consumer Research*, n° 18 (1), 2008, p. 121-128.

MILLAR M.G., « Promoting Health Behaviours with Door-in-the-Face : The Influence of the Beneficiary of the Request Psychology », *Health & Medicine*, n° 6 (2), 2001, p. 115-119.

PATCH M., HOANG V., STAHELSKI A., « The Use of Metacommunication in Compliance : Door-in-the-Face and Single-Request Strategies », *The Journal of Social Psychology*, n° 137 (1), 1997, p. 88-94.

42. Pourquoi un vendeur commence-t-il par vous présenter le contrat SAV le plus cher ?

Décroissance tarifaire et effet sur le comportement d'achat

CIALDINI R., *Influence & Manipulation*, Paris, First, 2004.

Consumer Reports, janvier 1975, p. 62 (relate la procédure utilisée par Warren Kelly pour la vente des billards).

GUÉGUEN N., JACOB C., MEINERI S., « Effects of the Door-in-the-Face Technique on Restaurant Customers Behavior », *International Journal of Hospitality Management*, septembre 2011, p. 759-761.

43. Pourquoi est-il difficile de dire « non » quand on a dit « oui » ?

La technique du low-ball

CIALDINI R., CACIOPPO J., BASSET R., MILLER J., « Low-Ball Procedure for Producing Compliance : Commitment then Cost », *Journal of Personality and Social Psychology*, n° 36, 1978, p. 463-476.

44. Pourquoi avez-vous acheté ces chaussures rouges, alors que vous aviez besoin de bleues ?

La technique du leurre

GUÉGUEN N., JACOB C., « La technique du leurre en situation d'achat : impact du renforcement d'une décision sur le renoncement », *Revue des sciences de gestion. Direction et gestion des entreprises*, n° 234, 2008, p. 115-120.

JOULE R.-V., GOUILLOUX F., WEBER F., « The Lure : A New Compliance Procedure », *The Journal of Social Psychology*, n° 129 (6), 1989, p. 741-749.

45. Pourquoi avez-vous promis à Paul de lui offrir ce camion de pompiers pour Noël ?
La théorie de l'engagement

CIALDINI R., *Influence & Manipulation*, Paris, First, 2004.

KIESTLER C., *The Psychology of Commitment. Experiments Liking Behavior to Belief*, New York, Academic Press, 1971.

46. Savez-vous que si vous êtes resté plus longtemps dans ce magasin, c'est parce que le vendeur vous a effleuré le bras ?
Impact du toucher sur l'achat et évaluation d'un magasin et de son personnel

HORNIK J., « Effects of Physical Contact on Customers' Shopping Time and Behavior », *Marketing Letters*, n° 3, 1972, p. 49-55.

VAIDIS D., HALIMI-FALKOWICZ S., « Increasing Compliance with a Request : Two Touches Are more Effective than One », *Psychological Reports*, n° 103, 2008, p. 88-92.

47. Le fait que le vendeur vous a touché le bras vous a-t-il poussé à acheter ce nouveau fromage ?
L'impact du contact tactile sur la consommation de nourriture et de boissons

GUÉGUEN N., « L'effet d'influence du toucher sur le comportement du consommateur : 2 illustrations expérimentales en extérieur », *Revue des sciences de gestion. Direction et gestion des entreprises*, n° 190-191, 2001, p. 123-132.

KAUFMAN D., MAHONEY J., « The Effect of Waitresses' Touch on Alcohol Consumption in Dyads », *The Journal of Social Psychology*, n° 139, 1999, p. 261-267.

SMITH D., GIER J., WILLIS F., « Interpersonal Touch and Compliance with a Marketing Request », *Basic and Applied Social Psychology*, n° 3, 1982, p. 35-38.

48. Savez-vous que vous laisserez un plus gros pourboire au serveur s'il vous a touché le bras pendant votre repas ?
L'impact du contact tactile d'un serveur sur les pourboires reçus du client

CRUSCO A., WETZEL C., « The Midas Touch : The Effects of Interpersonal Touch on Restaurant Tipping », *Personality and Social Psychology Bulletin*, n° 10, 1984, p. 512-517.

GUÉGUEN N., JACOB C., « The Effect of Touch on Tipping : An Evaluation in a French's Bar », *International Journal of Hospitality Management*, n° 24 (2), 2005, p. 295-299.

HORNIK J., « Tactile Stimulation and Consumer Response », *Journal of Consumer Research*, n° 19, 1992, p. 449-458.

LYNN M., « Restaurant Tips and Service Quality : a Weak Relationship or Just Weak Measurement », *International Journal of Hospitality Management*, n° 22, 2003, p. 321-325.

LYNN M., LE J.-M., SHERWYN D.S., « Reach out and Touch Your Customers », *Cornell Hotel and Restaurant Administration Quaterly*, n° 39 (3), 1998, p. 60-65.

STEPHEN R., ZWEIGENHAFT R., « The Effect on Tipping of a Waitress Touching Male and Female Customers », *The Journal of Social Psychology*, n° 126, 1986, p. 141-142.

49. Savez-vous que vous choisirez sûrement le plat du jour que le serveur vous a recommandé, s'il vous a en même temps touché le bras ?
L'impact du contact tactile sur une suggestion faite par un serveur

GUÉGUEN N., JACOB C., BOULBRY G., « Server's Suggestion and Tactile Contact : An Evaluation in a Restaurant », *International Journal of Hospitality Management*, n° 26, 2007, p. 1019-1023.

50. Pourquoi une serveuse a-t-elle plus de gros pourboires si elle sourit que si elle a l'air renfrogné ?
L'influence du sourire sur les pourboires reçus

GUÉGUEN N. (soumis), « Smile on the Web : The Effect of a Smiling Photography on Compliance to a Request Made by e-Mail ».

GUÉGUEN N., FISCHER-LOKOU J., « Hitchhikers' Smiles and Receipt of Help », *Psychological Reports*, n° 94 (3), 2004, p. 756-760.

TIDD K.L., LOCKARD J.S., « Monetary Significance of the Affiliative Smile : a Case of Reciprocal Altruism », *Bulletin of the Psychonomic Society*, n° 11 (6), 1978, p. 344-346.

51. Pourquoi êtes-vous plus réceptif à une demande, lorsqu'on vous regarde dans les yeux ?
Regard direct et influence du comportement et de l'évaluation

BULL R., GIBSON-ROBINSON E., « The Influence of Eye-Gaze, Style of Dress, and Locality on the Amounts of Money Donated to a Charity », *Human Relations*, n° 34, 1981, p. 895-905.

GUÉGUEN N., JACOB C., « Fixed versus Evasive Glance and Compliance with a Request », *The Journal of Social Psychology*, n° 142 (3), 2002, p. 393-396.

KLEINKE C., « Compliance to Requests Made by Gazing and Touching Experimenters in Field Settings », *Journal of Experimental Social Psychology*, n° 13, 1977, p. 218-223.

LINDSKOLD S., FORTE R., HAAKE C., SCHMIDT E., « The Effects of Directeness of Face-to-Face Requests and Sex of Solicitor on Streetcorner Donations » *The Journal of Social Psychology*, n° 101, 1977, p. 45-51.

52. Pourquoi les gens ont-ils une image positive de vous, si vous les regardez dans les yeux ?
Contact visuel et évaluation d'autrui

BROOKS C., CHURCH M., FRASER L., « Effects of Duration of Eye Contact on Judgements of Personality Characteristics », *The Journal of Social Psychology*, n° 126, 1986, p. 71-78.

DRONEY J., BROOKS C., « Attributions of Self-Esteem as a Function of Duration of Eye Contact », *The Journal of Social Psychology*, n° 133, 1993, p. 715-722.

ELLSWORTH P., CARLSMITH J., « Effects of Eye Contact and Verbal Content on Affective Response to a Dyadic Interaction », *Journal of Personality and Social Psychology*, n° 10 (1), 1968, p. 15-20.

53. Pourquoi un serveur doit-il se pencher légèrement vers ses clients ?
Posture courbée d'un serveur et comportement du client

DAVIS S.F., SCHRADER B., RICHARDSON T.R., KRING J.P., KIEFFER J.C., « Restaurant Servers Influence Tipping Behavior », *Psychological Reports*, n° 82, 1998, p. 223-226.

LYNN M., MYNIER K., « Effect of Server Posture on Restaurant Tipping », *Journal of Applied Social Psychology*, n° 23 (8), 1993, p. 678-685.

54. Pourquoi quelqu'un d'attrayant physiquement a-t-il plus de chances de voir sa demande aboutir qu'une personne moins jolie ?
L'effet de la beauté physique d'un solliciteur

DOMMEYER C.J., RUGGIERO L.A., « The Effects of Photograph on Mail Survey Response », *Marketing Bulletin*, n° 7, 1996, p. 51-57.

GUÉGUEN N., JACOB C., LEGOHÉREL P., « Personnalisation, attrait physique et acceptation d'une requête : une évaluation

dans le cas de la communication médiatisée par ordinateur »,
Revue canadienne des sciences du comportement, n° 35 (2), 2003,
p. 84-96.

REINGEN P.H., KERNAN J.B., « Social Perception and Interpersonal Influence : Some Consequences of the Physical Attractiveness Stereotype in a Personal Selling Setting », *Journal of Consumer Psychology*, n° 2 (1), 1993, p. 25-38.

WILSON D., « Helping Behavior and Physical Attractiveness », *The Journal of Social Psychology*, n° 104, 1978, p. 313-314.

55. Pourquoi pensez-vous que ce qui est beau est bien ?
Caractéristiques physiques d'un communicant et intention d'achat

DESHIELDS O.W., KARA A., KAYNAK E., « Source Effects in Purchase Decisions : The Impact of Physical Attractiveness and Accent of Salesperson », *International Research in Marketing*, n° 13, 1996, p. 89-101.

REINGEN P.H., KERNAN J.B., « Social Perception and Interpersonal Influence : Some Consequences of the Physical Attractiveness Stereotype in a Personal Selling Setting », *Journal of Consumer Psychology*, n° 2 (1), 1993, p. 25-38.

56. Pourquoi l'habit fait-il toujours le moine ?
L'influence de la tenue vestimentaire

GREEN P., GILES H., « Reactions to a Stranger as a Function of Dress Style : The Tie », *Perceptual and Motor Skills*, n° 37, 1973, p. 676

GUÉGUEN N., « Color and Women Hitchhikers' Attractiveness : Gentlemen Drivers Prefer Red », *Color Research and Application*.

JACOB C., GUÉGUEN N., « Clothing color and Tipping : Gentlemen Patrons give more tips to Waintresses With Red Clothes », *Journal of Hospitality and Tourism Research*, 38 (2), 2014, p. 275-280.

KLEINKE C., « Effects of Dress on Compliance to Requests in a Field Setting », *The Journal of Social Psychology*, n° 101, 1977, p. 223-240.

MCELROY J., MORROW P., « Personal Space, Personal Appearance, and Personal Selling », *Psychological Reports*, n° 74, 1994, p. 425-426.

57. Pourquoi donner une image positive de soi a-t-il un coût ?
L'effet d'une offre selon le contexte social

RIND B., BENJAMIn D., « Effects of Public Image Concerns and Self-Image on Compliance », *The Journal of Social Psychology*, n° 134, 1994, p. 19-25.

58. Pourquoi un serveur qui a répété après vous tous les détails de votre commande aura-t-il droit à un plus gros pourboire ?
L'effet caméléon

CHARTRAND T.L., BARGH J.A., « The Chameleon Effect : The Perception-Behavior Link and Social Interaction », *Journal of Personality and Social Psychology*, n° 76 (6), 1999, p. 893-910.

JACOB C., GUÉGUEN N., MARTIN A., BOULBRY G,, « Retail Salespeople's Mimicry of Customers : Effects on Consumer Behavior », *Journal of Retailing and Consumer Services*, 18, n° 5, septembre 2011, p. 381-388.

TANNER R., FERRARO R., CHARTRAND T.L., BETTMAN J.R., VAN BAAREN E., « Of chameleons and consumption : The impact of mimicry on choice and preferences », *Journal of Consumer Research*, n° 34, 2008, p. 754-766.

VAN BAAREN R.B., HOLLAND R.W., STEENAERT B., VAN KNIPPENBERG A., « Mimicry for Money : Behavioral Consequences of Imitation », *Journal of Experimental Social Psychology*, n° 39, 2003, p. 393-398.

VAN BAAREN R.B., MADDUX W.W., CHARTRAND T.L., DE BOUTER C., VAN KNIPPENBERG A., « It Takes Two to

Mimic : Behavioral Consequences of Self-Construals », *Journal of Personality and Social Psychology*, n° 84 (5), 2003, p. 1093-1102.

59. Pourquoi les hommes fortunés de race blanche sont-ils les clients auxquels on fait le plus confiance ?
Négociation commerciale et effet de l'appartenance ethnique du client

AYRES I., SIEGELMAN P., « Race and Gender Discrimination in Bargaining for a New Car », *The American Economic Review*, n° 85(3), 1995, p. 204-321.

60. Pourquoi la photo de ce restaurant comble vous a-t-elle donné envie d'y dîner ?
La preuve sociale

CHING BIU TSE A., SIN L., YIM F.H.K., « How a Crowed Restaurant Affects Consumers Attribution Behavior », *International Journal of Hospitality Management*, 21, 2002, p. 449-454.

GUÉGUEN N., « The Effect of Modeling on Tipping Behavior », *Studia Psychologica*, n° 49 (3), 2007, p. 275-282.

GUÉGUEN N., PICHOT N., « The Influence of Status in the Failure to Observe a Road Safety Rule among Pedestrians », *The Journal of Social Psychology*, n° 141 (3), 2001, p. 413-415.

HARRIS M.B., LIGUORI R., JONIAK A., « Agression, Altruism and Models », *The Journal of Social Psychology*, n° 91, 1973, p. 343-344

PHILLIPS J.M., « Conformity in Petition-Signing as a Function of Issue Ambiguity », *The Journal of Social Psychology*, n° 87, 1972, p. 287-291.

61. Pourquoi préférez-vous un inconnu dont vous savez qu'il partage des similarités avec vous ?
Familiarité entre soi et autrui et influence du comportement

BICKMAN L., KAMZAN M., « The Effect of Race and Need on Helping Behavior », *The Journal of Social Psychology*, n° 89, 1973, p. 73-77.

BRENDL M.C., CHATTOPADHYAY A., PELHAM B.W., CARVALLO M., PRITCHARD E.T., « Are Brands Containing Name Letters Prefered ? », *Advances in Consumer Research*, n° 30, 2003, p. 151-152.

BRENDL M.C., CHATTOPADHYAY A., PELHAM B.W., CARVALLO M., « Name Letter Branding : Valence Transfers when Product Specific Needs Are Active », *Journal of Consumer Research*, n° 32, 2005, p. 405-415.

BURGER J.M., MESSAIN N., PATEL S., DEL PRADOR A., ANDERSON C., « What a Coincidence ! The Effects of Incidental Similarity on Compliance », *Personality and Social Psychology Bulletin*, n° 30, 2004, p. 35-43.

DELACROIX E., MERIGOT P., « Une étude exploratoire de l'effet de préférence pour les lettres du nom : SEBastien préfère-t-il SEB ? », *Cahiers du Centre de Recherche DMSP*, n° 378, 2008.

GUÉGUEN N. (soumis), « Giver-Name Similarity and Compliance to a Request : A Field Experiment on Consumer Behavior ».

GUÉGUEN N., JACOB C., « Similarité entre personnes et influence : l'impact de la similarité du prénom lors de la sollicitation d'un prénom par e-mail », *6e Colloque international de psychologie appliquée*, Grenoble, PUG, 2003, p. 148-150.

HARRIS M., KLINGBEIL D., « The Effects of Ethnicity of Subject and Accent and Dependancy of Confederate on Aggressiveness and Altruism », *The Journal of Social Psychology*, n° 98, 1976, p. 47-53.

HODSON G., OLSON J.M., « Testing the Generality of the Name Letter Effect : Name Initials and Everyday Attitudes », *Personality and Social Psychology Bulletin*, n° 31, 2005, p. 1099-1111.

HOWARD D.J., GENGLER C., « Motivating Compliance with a Request by Remembering Someone's Name », *Psychological Reports*, n° 77, 1995, p. 123-129.

KARABENICK S., LERNER R., BEECHER M., « Helping Behavior and Attitude Congruence toward Capital Punishment », *The Journal of Social Psychology*, n° 96, 1975, p. 295-296.

KEASEY C., KEASEY C., « Straight and Hip Peace Petitioners », Communication du congrès de l'Eastern Psychological Association, 1971.

MITA T.H., DERMER M., KNIGHT J., « Reversed Facial Images and the Mere-Exposure Hypothesis », *Journal of Personality and Social Psychology*, n° 35 (8), 1977, p. 597-601.

NUTTIN J.M. Jr, « Narcissism beyond Gestalt and Awareness : The Name Letter Effect », *European Journal of Social Psychology*, n° 15, 1985, p. 353-361.

WEGNER D., CRANO W., « Racial Factors in Helping Behavior : An Unobstrusive Field Experiment », *Journal of Personality and Social Psychology*, n° 32, 1975, p. 901-905.

Index

Table

TABLE   349

Deuxième partie
Sens et comportement du consommateur : la psychologie de l'ambiance

TROISIÈME PARTIE
Pouvoir des vendeurs et influence des clients

TABLE   351

Imprimé en France par Maury-Imprimeur
en septembre 2020

N° d'édition : L.01EHQN000891.A003
Dépôt légal : février 2017
N° d'impression : 247954